JAMES

BALDWIN

voix américaines

COLLECTION DIRIGÉE PAR MARC CHÉNETIER

Walter Abish, S. Bauer
Louisa May Alcott, P. Voilley
Sherwood Anderson, C. Bruyère
John Ashbery, A. Cazé
Paul Auster, A. Duperray
Toni Cade Bambara, C. Le Fustec
John Barth, F. Sammarcelli
Donald Barthelme, B. Gervais
Saul Bellow, C. Lévy
Richard Brautigan, M.-C. Agosto
Charles Brockden Brown, M. Amfreville
Erskine Caldwell, M. Bandry
Raymond Carver, C. Verley
Willa Cather, M.-C. Perrin-Chenour
John Cheever, V. Béghain
Kate Chopin, M.-C. Perrin-Chenour
Robert Coover, J.-F. Chassay
Hart Crane, B. Pire
Stephen Crane, Y. Carlet
E. E. Cummings, I. Alfandary
Guy Davenport, B. Hœpffner
Don DeLillo, F. Happe
John Dos Passos, J.-P. Morel
Stanley Elkin, T. Pughe
Ralph Ellison, N. Cochoy
William Faulkner, J. Pothier
Francis Scott Fitzgerald, É. Bouzonviller
Shelby Foote, P. Carmignani
William Gaddis, B. Félix
William H. Gass, C. Maniez
William Goyen, C. Grimal
John Hawkes, A. Cristofovici
Jack Kerouac, Y. Le Pellec
Jack London, S. Chambon et A. Wicke
Carson McCullers, G.-C. Guilbert
Norman Mailer, C. Thomas
Bernard Malamud, M. Chard-Hutchinson
Arthur Miller, C. Desafy-Grignard
Steven Millhauser, M. Chénetier
Toni Morrison, C. Raynaud
Vladimir Nabokov, C. Raguet-Bouvart
Flannery O'Connor, A. Bleikasten
Cynthia Ozick, J. Antoine
Grace Paley, N. Batt
James Purdy, M.-C. Profit
Thomas Pynchon, A. Battesti
Philip Roth, A. Bleikasten
Michel Saint-John de Crèvecœur, B. Chevignard
Elizabeth Spencer, M. Bandry
Gertrude Stein, C. Grimal
John Steinbeck, M.-C. Lemardeley
Robert Steiner, N. Blake
Henry David Thoreau, M. Granger
John Updike, S. Mathé
Eudora Welty, D. Pitavy-Souques
Nathanael West, P. Antolin
Paul West, A.-L. Tissut
Edith Wharton, A. Ullmo-Michel
Walt Whitman, É. Athenot
John Edgar Wideman, Y.-C. Grandjeat
Thornton Wilder, T. Gillybœuf
William Carlos Williams, H. Aji
Thomas Wolfe, A. Moisy

JAMES
BALDWIN

L'évidence des choses qu'on ne dit pas

par Benoît Depardieu

Maître de conférences
à l'Université du Havre

BELIN

8 rue Férou – 75278 Paris cedex 06
www.editions-belin.com

À Walter.

Photo de couverture : © Gamma/Andersen Ulf

 ISSN 1275-0018 ISBN 2-7011-3966-X

Table des matières

Liste des abréviations

AP/Country: Un autre pays/Another Country
B/Blues: Blues for Mister Charlie
BS/Beale Street: Si Beale Street pouvait parler/ If Beale Street Could Talk
C/Mountain: La Conversion/Go Tell It on the Mountain
CDL/No Name: Chassés de la lumière/No Name in the Street
CJB: Conversations with James Baldwin
CPN: Chroniques d'un pays natal/Notes of a Native Son
D: A Dialogue with Nikki Giovanni
DFW/Devil: The Devil Finds Work
DL: David Leeming, *James Baldwin. A Biography*
F/Fire: La prochaine fois le feu/The Fire Next Time
FHB: Face à l'homme blanc/Going to Meet the Man
G/Giovanni: La Chambre de Giovanni/Giovanni's Room
HM/Train: L'Homme qui meurt/ Tell Me How Long the Train's Been Gone
HQ/Just: Harlem quartet/Just Above My Head
JB: Jimmy's Blues
LJ/One Day: Le Jour où j'étais perdu/ One Day When I Was Lost
MA/Evidence: Meurtres à Atlanta/ The Evidence of Things Not Seen
P: The Price of the Ticket
PSN/Nobody: Personne ne sait mon nom/ Nobody Knows My Name

Chaque fois qu'une traduction publiée existe, la citation fait référence à l'édition française, à laquelle je me suis réservé, parfois, le droit d'apporter quelques modifications mineures. Dans tous les autres cas, la traduction est de moi et la citation est extraite de l'édition en anglais la plus récente mentionnée dans la bibliographie.

Introduction

Si certains grands auteurs américains peuvent être définis comme poètes, dramaturges, romanciers ou nouvellistes, James Baldwin, lui, défie toute classification, non par souci d'éclectisme superficiel mais par une farouche volonté d'être inclassable. James Arthur Baldwin, en presque quarante années de carrière, publia six romans, deux pièces de théâtre, un recueil de nouvelles, deux recueils de poésie, un scénario de film, six recueils d'essais, sans compter les articles parus dans la plupart des plus grands magazines et revues littéraires et les entretiens accordés au gré de l'actualité politique, sociale ou littéraire. Cet éclectisme, qui fit dire à certains que Baldwin avait épuisé son inspiration au bout de dix ans, représente la marque même d'un des auteurs américains les plus marquants du 20e siècle. Il semble alors que Baldwin se soit senti investi de cette parole qui, envers et contre tout, se doit d'être prononcée, haut et fort, même et surtout à l'adresse de ceux qui ne veulent pas l'entendre.

Une triple conscience

Doublement marqué par le sceau de la marginalité, voire de l'aliénation, James Baldwin n'a eu de cesse de mettre en cause le concept même de normalité ; il eut, pour ce faire, recours à tous les genres littéraires à sa disposition. Né à une époque où les droits civiques des Afro-Américains n'étaient pas encore reconnus, mais par chance hors du Sud, où ses frères et sœurs de couleur vivaient voire périssaient dans les affres du racisme institutionnalisé, Baldwin a souffert d'une « négritude » pesante à plus d'un titre et, somme toute, mal assumée, car étrangère à sa propre conception de l'humain. Ouvertement homosexuel, bien que ne revendiquant pas cette seule catégorisation, Baldwin se trouva, de fait, marginalisé dans sa propre communauté, où ce choix de sexualité était – et continue d'être – considéré comme déviant et assimilé à une position de soumission rappelant par trop la relation du maître à l'esclave. C'est en quelque sorte à une « triple conscience », une « triple vision » que nous avons affaire dans le cas de Baldwin[1].

Sexe et race sont en effet les maîtres mots de son œuvre. Nul écrit qui ne soit marqué par l'un ou l'autre, voire par la superposition et la délicate intrication des deux. Plus que de simples thèmes, ces deux maîtres mots représentent le cœur de sa pensée

1. Référence à W. E. B. Du Bois qui a énoncé le concept de « double conscience » pour expliquer l'aliénation dont souffrent les Afro-Américains. Ce concept a été développé en « double vision » par Ralph Ellison.

et de son écriture. Pour Baldwin, poser la question du racisme aux États-Unis revient inévitablement à poser aussi celle de la sexualité et de sa force de répression et d'aliénation. En tant qu'écrivain américain homosexuel de race noire, James Baldwin, quoi qu'il en ait, a occupé la position de celui qui représente cette triple aliénation et témoigne depuis cette place singulière que lui accorde l'expérience chaque jour renouvelée.

« Un honnête homme et un bon écrivain »

Baldwin déclarait n'aspirer qu'à être un honnête homme et un bon écrivain. Un bon écrivain, Baldwin l'est sans aucun doute possible. Il est même un grand écrivain au sens où son œuvre s'adresse à ce qu'il y a de plus universel dans la condition humaine, renvoie chacun de nous, si nous prenons la peine de nous plonger dans l'un de ses écrits et de nous laisser entraîner par la musique de sa langue, aux questions que nous posons à l'Autre, à la part d'humain qui est en nous et en nos prochains. Pontifiant, Baldwin l'est parfois. Enragé, souvent. Faux, jamais ; tout en sachant qu'il est dans la nature de l'homme d'être versatile et que ce trait est sûrement ce qui fait la richesse, la diversité, l'ambiguïté et l'ambivalence des rapports dits humains. Ce qu'il exècre et dénonce par-dessus tout, c'est le mensonge et cette incapacité à assumer ses propres fautes, les diverses manières de se défausser sur l'autre. En cela, Baldwin fut un honnête homme.

Cette honnêteté et cette quasi-obsession de la vérité lui viennent sans doute de son éducation et de son parcours religieux. On ne peut, en effet, apprécier réellement et comprendre à sa juste valeur l'œuvre de Baldwin si l'on ne prend pas en compte la puissance révélatrice du Verbe. La Bible, comme chez bon nombre d'écrivains afro-américains, est la matrice de la langue et de la culture. Baldwin est né dans l'Église, et de son propre aveu, il n'en est jamais totalement sorti, mais il s'agit bien plutôt d'une matrice linguistico-culturelle que d'une congrégation qu'il eut tôt fait de juger aliénante, fausse et « inhumaine ». La Bible, l'Ancien mais surtout le Nouveau Testament, ouvrent la voie vers la vérité, offrent la puissance révélatrice du Verbe, une parole à transmettre, la bonne nouvelle, qui crée une communauté humaine fondée sur l'amour. C'est à cette nouvelle religion, une religion de l'amour, que Baldwin semble vouer un culte, afin de connaître, reconnaître l'autre en soi et pour soi dans une nouvelle relation. Ce *credo*, loin de tomber dans l'angélisme ou l'utopie, se fonde sur une profonde croyance dans le pouvoir de révélation subjective de l'amour et de l'acte sexuel.

Le prophète

Le rôle de prophète que l'on a souvent attribué à Baldwin et qu'il ne lui déplaisait pas d'endosser mais qui, à la longue, devint un fardeau insupportable, est à relier à la nécessité qu'il éprouva de témoigner de la vérité. « Rendre témoignage de la vérité » (« *Bearing witness to the truth* ») : tel est l'ordre intimé à l'auteur par son histoire personnelle et par la position médiane et médiatrice qu'il occupa. James Baldwin fut pendant quelques années prédicateur et il est évident que cette expérience, à laquelle il mit fin rapidement, aiguisa son sens oratoire et lui fit prendre conscience du pouvoir du langage et de la parole. Ainsi, les écrits de Baldwin, pourtant loin d'être de purs sermons ou de réels prêches, ont une certaine analogie avec la tradition orale afro-américaine. La fiction, elle, ressemble à ces paraboles qui illustrent le Verbe. Les essais et la fiction se rejoignent ainsi dans un même désir de révéler ce qui, dans l'expérience humaine, achoppe et bute contre le roc de la vérité.

Lire Baldwin

Lire James Baldwin c'est aller à la rencontre de l'expérience humaine – pas seulement afro-américaine – où tous les racismes sont dénoncés afin de révéler que l'être humain doit accepter de prendre en compte l'autre et ses différences.

Lire Baldwin, c'est, dans le recours incessant à la valeur heuristique de l'autobiographie, pénétrer l'expérience de l'autre race, de l'homme Baldwin, de celui qui, dans les yeux de l'autre, l'homme blanc en l'espèce, n'est qu'un « bâtard », un « bâtard de l'Occident » comme il ne cessait de le répéter lui-même.

Lire Baldwin, c'est enfin entendre une voix, telles celles de Martin Luther King et Malcolm X, ses frères prédicateurs, assassinés au faîte de leur mission. Cette voix résonne comme celle d'un ancêtre, d'un homme qui a vu, entendu, souffert et vécu et qui, loin de se poser en donneur de leçons, offre à qui veut bien l'entendre le témoignage d'une vie, d'une expérience personnelle au service de fins universelles. Amiri Baraka, ex-Leroi Jones, lors de son éloge funèbre dans le *New York Times Review,* écrivit que Baldwin n'était pas seulement un écrivain, une figure littéraire internationale, mais aussi un homme, un esprit, une voix, antique, noire et terrible comme le premier ancêtre[2]. C'est cet écrivain, cet homme, sous toutes ses facettes, cet esprit, cette voix, ancestrale peut-être mais surtout universelle, que cet ouvrage a pour but de faire découvrir ou redécouvrir tout au long d'un parcours mêlant l'œuvre à la vie – comment pourrait-il d'ailleurs en être autrement lorsque l'on aborde Baldwin ?

2. Amiri Baraka, « James Baldwin : His Voice Remembered », *New York Times Review,* 20 déc. 1987, 1.

Chapitre 1

La conversion

Les vingt-huit premières années de la vie de James Baldwin, celles qui précédèrent la publication de son premier ouvrage (*Go Tell It on the Mountain*, 1953), furent des années particulièrement difficiles et troublées. Elles représentent une période fondamentale, cruciale dans la formation du jeune homme ; l'éducation familiale, les fréquentations scolaires, les rencontres artistiques, l'expérience religieuse, les fourvoiements et échecs jouèrent un rôle de premier plan dans ce qu'il faut bien appeler sa « conversion littéraire »[1]. En effet, c'est au beau milieu de cette période que le jeune Baldwin se détourna définitivement d'une carrière de prédicateur qui n'était en somme qu'un faux-fuyant, pour se tourner vers la carrière littéraire.

1. Toutes les informations biographiques utilisées dans ce chapitre sont extraites des deux biographies de référence en anglais écrites par David Leeming et James Campbell. Voir la bibliographie en fin d'ouvrage.

Un enfant de Harlem

James Arthur Baldwin naquit le 2 août 1924 à l'hôpital de Harlem à New York. Sa mère, Emma Berdis Jones, âgée d'à peine vingt ans, le conçut hors mariage : James naquit enfant illégitime, bâtard, et il en fut marqué à vie. Trois ans plus tard, sa mère épousa David Baldwin, travailleur manuel et prédicateur baptiste à ses heures, qui avait fui le Sud et était venu s'installer à New York au début des années 20. James Arthur Jones devint donc James Arthur Baldwin. Ce changement de patronyme le marqua d'autant plus profondément que le patronyme de son beau-père n'était en fait autre – comme cela est le cas de tous les Afro-Américains – que celui du maître blanc qui, quelques siècles plus tôt, était entré en possession d'un des aïeux de David. À Londres, en 1968, Baldwin souligna cet état de fait en déclarant qu'à un certain moment de son histoire il était devenu le « nègre » de Baldwin et que c'était ainsi qu'il avait gagné son patronyme. Tout au long de sa vie et de son œuvre, James Baldwin resta obsédé par le problème de l'identité liée au nom. Au reste, les titres de deux de ses six recueils d'essais insistent sur cette question de l'identité et de la reconnaissance.

David Baldwin, qui devint le beau-père de James, avait été marié précédemment et conçu trois enfants : une fille qui avait à peu près l'âge de sa nouvelle épouse, David, un fils qui mourut en prison, et Samuel qui vécut quelques années avec la nouvelle famille Baldwin avant de couper définitivement les ponts avec son père. Samuel, de huit ans l'aîné de

James, fit une impression d'autant plus particulière sur son cadet qu'il le sauva de la noyade, épisode que Baldwin raconta dans un de ses recueils d'essais. Respectueux des Écritures, d'un respect qui frisait l'obsession, le beau-père de James agit comme Yahvé l'avait ordonné à Adam : il fut fécond et multiplia. James – peu à peu surnommé Jimmy par toute la famille – eut huit frères et sœurs et, en bon aîné, devint rapidement le bras droit de sa mère.

La famille Baldwin ne quitta jamais Harlem, même si elle connut de nombreux déménagements. Le Harlem de cette époque n'était pas encore totalement « noir », quelques Blancs y demeuraient encore, essentiellement des Allemands, des Grecs, des Irlandais et des Juifs. L'exode des Noirs du Sud vers le Nord crût rapidement, toutefois, et Harlem ne tarda pas à être peu à peu totalement déserté par les Blancs. Pourtant, déjà à cette époque, Harlem était une ville dans la ville et Baldwin insista toujours sur la disparité entre la ville blanche (*downtown*) et la ville noire (*uptown*). Chaque jour, David Baldwin, comme la plupart de ses voisins, quittait Harlem, la ville noire, pour aller travailler dans la ville blanche. Le Harlem du jeune Jimmy n'était pas encore totalement laissé à l'abandon, mais déjà les signes de la déchéance y étaient perceptibles. En février 1948, il publia un article dans la revue *Commentary* intitulé « The Harlem Ghetto », qui fut repris dans son premier recueil d'essais *Notes of a Native Son,* en 1955. Le paragraphe introductif insistait sur le délabrement des bâtiments, la saleté des rues, la surpopulation, le chômage endémique, le coût de la vie prohibitif, l'impression d'étouffement et de désespoir qui s'en dégageait.

Pour fuir à la fois son beau-père et la noirceur de Harlem, Jimmy avait coutume de se rendre à Central Park sur sa colline favorite et là, il se laissait aller à ses rêveries. Une fois qu'il fut assez instruit pour lire, il se réfugia dans la littérature et entreprit de lire et de relire ses deux romans préférés, *La Case de l'oncle Tom* et *Le Conte des deux villes*. En 1929, année sombre pour les États-Unis et le monde occidental, à l'âge de cinq ans, James entra à l'école publique n° 24 sur la 128ᵉ rue, dont la directrice, Gertrude E. Ayer, fut la première directrice d'école noire de New York. Le monde de l'éducation ouvrit pour Baldwin de nouvelles perspectives et lui offrit l'occasion de rencontres cruciales pour son avenir.

Les années de formation

Gertrude E. Ayer marqua à tel point le jeune Baldwin qu'un passage de son premier roman fait clairement allusion à cette femme de caractère : « La directrice, une femme aux cheveux blancs et au visage dur, avait baissé les yeux vers lui. “Vous êtes un garçon très intelligent, John Grimes, avait-elle déclaré. Continuez à bien travailler” » (*C*, 22). À l'instar de John Grimes, entendre ces encouragements emplit le jeune Baldwin d'une force toute neuve et lui permit de retrouver un amour-propre constamment mis à mal par son beau-père. Lui qui aux yeux de son « père » était laid et bon à rien, comprenait tout à coup qu'il détenait un pouvoir intellectuel et qu'il lui faudrait le mettre à profit.

Étrangement, Orilla Miller, jeune institutrice blanche, l'autre figure d'envergure de ses années d'école primaire resta éternellement absente de sa fiction. Il y fit allusion dans certains de ses essais mais elle n'apparut jamais dans ses romans ou nouvelles, sous quelque forme que ce soit... Elle prit en charge l'éducation littéraire, théâtrale, cinématographique du jeune James et alla jusqu'à rencontrer la famille Baldwin. Elle demeura en outre jusqu'à la fin de sa vie une amie de James et de sa famille. Orilla Miller joua un rôle particulièrement important pour James dans sa façon d'appréhender les Blancs et leur monde. Alors que son « père » vouait une haine incommensurable aux Blancs et semblait ne vivre que pour voir le jour où Dieu, dans son infinie sagesse, les anéantirait, Jimmy commença à comprendre que tous les Blancs n'étaient pas identiques et que certains pouvaient être aimés. Baldwin déclara plus tard que ce fut en partie grâce à elle qu'il ne réussit jamais à haïr totalement les Blancs.

En 1936, Baldwin entra au collège Frederick Douglass où le poète Countee Cullen enseignait le français et assurait les fonctions de conseiller littéraire auprès du département d'anglais. Cullen avait fait partie de la *Harlem Renaissance*, mouvement culturel des années 20 qui vit l'émergence du « *New Negro* », avec d'autres écrivains afro-américains tels que James Weldon Johnson, Alan Locke, Langston Hughes, Jean Toomer et Claude McKay[2]. Les points

---

2. Ce mouvement concerna aussi la danse et la musique avec des représentants tels que Bessie Smith, Louis Armstrong, Duke Ellington, Joséphine Baker.

communs entre le jeune Baldwin et son professeur de français étaient nombreux : tous deux étaient enfants illégitimes, tous deux étaient fils de pasteur, tous deux s'étaient toujours entendu dire qu'ils étaient laids. Cullen devint rapidement un père spirituel et un modèle. James, dont les talents d'écrivain furent vite reconnus, devint dès l'automne 1937 le rédacteur en chef du journal du collège, le *Douglass Pilot*. Il y publia entre autres un article intitulé « Harlem – Then and Now ».

En septembre 1938, Baldwin entra au lycée Dewitt Clinton, situé dans un Bronx alors peuplé d'immigrés blancs de toutes origines, avec une forte proportion de Juifs. Ce lycée prestigieux, que Baldwin, sur le conseil de Countee Cullen, put intégrer grâce à ses résultats scolaires, compta parmi ses élèves des noms devenus célèbres : George Cukor, Burt Lancaster, Fats Waller, Neil Simon. Le lycée Dewitt Clinton offrit au jeune adolescent un univers de tolérance où la couleur de sa peau importait bien moins que son talent littéraire. C'est là qu'il rencontra deux de ses amis : Richard Avedon, apprenti poète qui devint par la suite un éminent photographe – ils publièrent ensemble *Nothing Personal* en 1964 – et Emile Capouya, futur rédacteur en chef de la revue *The Nation* où Baldwin publia deux de ses premiers articles. Tous les trois travaillèrent pour le journal du lycée, *Magpie*, se relayant au poste de rédacteur en chef. Toutefois, les années de lycée à Dewitt Clinton coïncidèrent aussi avec la crise de vocation religieuse de Baldwin.

Le problème du Père

La religion a toujours été une dimension importante de la vie de la famille Baldwin. David, le père, prêchait le dimanche dans les magasins désaffectés transformés en temples pentecôtistes et il aimait à dire : « Quant à moi et ma maison, nous servirons le Seigneur ». L'ensemble de la vie familiale était réglé par les prescriptions de la Bible ou, plus exactement, par l'exégèse qu'en faisait David Baldwin : son interprétation, toute personnelle, accordait une valeur particulière à la faute, au péché et à la nécessité du repentir. Dieu n'était que le Tout-Puissant auquel nul ne peut désobéir sans subir son courroux et son châtiment. La notion de pardon, centrale au Nouveau Testament, était absente du dogme enseigné par David Baldwin et son texte préféré était extrait d'*Isaïe* : « Mets ordre à ta maison, car tu vas mourir, tu ne vivras pas ». Le jeune James fut donc contraint de subir, bon an mal an, l'influence de ce père-prédicateur. L'été de ses quatorze ans, comme il le raconte dans « Down at the Cross », publié dans *The Fire Next Time* (1963), Baldwin fut en proie à une longue crise religieuse.

Cet essai précise bien que ce fut alors principalement la peur qui l'avait gagné pour la première fois et que la religion semblait devoir lui offrir la sécurité. David Leeming, l'un de ses biographes, situe l'origine de cette crise dans l'expérience traumatisante d'une agression sexuelle subie cet été-là, que Baldwin fait relater au personnage d'Arthur Montana dans son ultime roman, *Just Above My Head.*

Cet événement, survenu à une période de troubles sexuels dus à l'adolescence et aux premiers émois homosexuels du jeune James, conjugué à des expériences racistes aux mains de policiers blancs, poussa Jimmy à fuir les dangers du monde extérieur et à se réfugier dans le huis clos rassurant du temple et de sa propre maison.

Ce fut un ami d'école, Arthur Moore, dont Jimmy était platoniquement amoureux, qui l'amena la première fois au temple de Mount Calvary of the Pentecostal Faith. La famille Moore devint par la suite une véritable seconde famille pour Jimmy ; de sorte que lorsqu'elle abandonna le temple de Mount Calvary pour rejoindre la Fireside Pentecostal Assembly, il les suivit tout naturellement. Là commença l'apprentissage de pasteur du jeune homme qui fit rapidement montre de ses dons pour le prêche : en peu de temps il acquit une certaine célébrité dans plusieurs temples de Harlem.

La décision du jeune James de s'engager dans la carrière religieuse de prédicateur, bien qu'elle ait été déclenchée par les événements qu'on a dits, compte aussi au nombre de ses causes un problème qui devait tourmenter Baldwin tout au long de sa vie : la question du Père. Né de père inconnu, mal aimé par son beau-père – qu'il finit néanmoins par appeler son « père » jusqu'à sa mort en 1987 – Baldwin n'a eu de cesse, dans sa vie comme dans son œuvre, de se confronter au problème du Père et à son pouvoir fantasmé. En entrant en religion, en devenant pasteur-prédicateur, le jeune James se tournait vers un autre père, Dieu le Père, espérant ainsi, non seulement la g^de Arche

échapper à David Baldwin, son beau-père, mais aussi prendre sa place en le défiant et en le surpassant dans son propre domaine. Ce désir de rivaliser avec le père et de l'emporter sur lui relève, à l'évidence, d'une banale configuration œdipienne. Le même scénario s'illustrera d'innombrables manières au cours de la vie de Baldwin et dans toute son œuvre. Il semble ainsi que Baldwin fut perpétuellement en quête d'une nouvelle figure paternelle destinée à remplacer celle qui venait d'être « tuée ». Avant que, en vertu d'une logique qui n'est pas sans évoquer quelque structure perverse, la nouvelle figure de père ne subît à son tour le même sort. La période correspondant à la conversion religieuse de Baldwin représente une étape fondamentale dans ce « problème du Père », dans la mesure où elle constitua la première tentative de meurtre « symbolique » de la première figure paternelle qu'eut connue Baldwin[3].

Parallèlement à sa carrière religieuse, Baldwin poursuivit ses études au lycée et contribua largement au succès de *Magpie*. Il y publia poèmes, nouvelles et courtes pièces de théâtre. Mais les conflits familiaux avec son beau-père et ses doutes relatifs à l'honnêteté d'une carrière religieuse eurent un impact négatif sur ses résultats scolaires. L'Église, qui avait été un refuge, ressemblait de plus en plus à un lieu où régnait le mensonge et Jimmy commença à douter de sa vocation. En 1940, Emile Capouya lui suggéra

3. Sur cette question fondamentale du Père chez Baldwin, voir ma thèse de doctorat : *L'Économie de la fonction paternelle dans l'œuvre romanesque de James Arthur Baldwin (1924-1987).*

d'aller rendre visite à un artiste peintre afro-américain installé dans Greenwich Village. Cette année 1940 fut ainsi celle de deux rencontres marquantes dans la vie de Baldwin. Beauford Delaney, âgé alors de trente-neuf ans, peintre afro-américain, homosexuel, fils de pasteur lui aussi, figure respectée et admirée dans la communauté des artistes du « Village », devint aux yeux du jeune James un modèle, étant le premier exemple d'artiste noir réussissant à vivre de son art. Auprès de Delaney, Baldwin fut initié au pouvoir des couleurs et des sons. Il apprit à regarder et surtout à « voir » ; il apprit à écouter et entendre les voix noires d'Ella Fitzgerald, Fats Waller et Bessie Smith. Delaney, par le biais de sa peinture, se posait en témoin ; d'ailleurs, Baldwin déclara à son sujet qu'il fut toujours pour lui « son premier et principal témoin ». La deuxième rencontre fut celle d'un livre et, par extension, celle de son auteur. 1940 fut en effet l'année qui vit la publication de *Native Son* (*Un enfant du pays*) de Richard Wright. Le roman fut rapidement acclamé et Baldwin n'eut plus qu'un désir : rencontrer l'auteur.

Ayant fait la connaissance de deux nouvelles figures paternelles, doutant de sa vocation religieuse, découvrant que l'Église prêchait certes l'amour de son prochain mais était fort loin de lui donner substance dans les faits et les actes, Baldwin décida de mettre fin à son expérience religieuse. Coup de théâtre ultime et coup symbolique mortel asséné à la fois au père et au Père, il choisit pour son dernier sermon le texte préféré de David Baldwin : « Mets ordre à ta maison ». En 1941, à l'âge de dix-sept ans, trois ans après être entré en religion, James Baldwin quittait définitivement la Fireside Pentecostal Assembly. Commencèrent alors les années d'errance et de doute où, tiraillé entre sa vocation d'artiste et son devoir envers sa famille – sa mère et ses frères et sœurs –, il prit et quitta emploi sur emploi, toujours dans des fonctions subalternes, toujours sous-payées et végéta quelque temps dans Greenwich Village.

En attendant l'exil

Durant cette période qui devait précéder son départ pour la France, deux événements jouèrent un rôle primordial dans le rapport de Baldwin à la question du Père et modelèrent son attitude envers la signification du destin.

David Baldwin mourut le 28 juillet 1943 et fut enterré le jour même du dix-neuvième anniversaire de James. Le symbolisme de cette mort, bien réelle cette fois, n'échappa pas au fils, devenu orphelin une deuxième fois et élevé au rang de chef de famille. Ce jour coïncida en outre avec celui de la célèbre émeute de Harlem. Le fait que son histoire personnelle se retrouve si intimement liée à l'histoire du peuple noir américain, le sien, lui fit prendre conscience de ce qui allait devenir l'une des caractéristiques de son écriture : Baldwin venait de comprendre que son histoire personnelle pouvait fonctionner comme parabole de l'histoire de son peuple.

Le deuxième événement se produisit un peu plus de deux ans après la mort de son beau-père, à la fin de 1945, lorsque Baldwin rencontra l'auteur du roman qui l'avait tant frappé cinq ans auparavant. Baldwin vivait alors chichement dans Greenwich Village, travaillant dans un restaurant de MacDougal Street qui devint un lieu de rencontre pour les artistes, musiciens, acteurs, écrivains tels que Henry Miller, Claude McKay, Paul Robeson, Burt Lancaster, Marlon Brando. Là, Baldwin put entrer en contact avec le monde des artistes du Village. Par le biais d'une « admiratrice », il obtint une entrevue avec Richard Wright. C'est lors de cette première rencontre que Baldwin parla à Wright du roman qu'il était en train d'écrire, intitulé à l'époque « In My Father's House ». Wright lui suggéra de lui soumettre les soixante pages que Baldwin avait déclaré avoir écrites, bien que cela fût un mensonge. Wright eut un effet plus que bénéfique sur l'activité d'écriture de Baldwin puisque ce dernier se trouva dans l'obligation de s'atteler au travail et de remettre à celui qui lui apparaissait de plus en plus comme un mentor les soixante pages promises. Wright apprécia le manuscrit et recommanda Baldwin pour une bourse de cinq cents dollars décernée par la Fondation Eugene F. Saxton. Mais, une fois les soixante premières pages de « In My Father's House » remises à Wright, Baldwin se trouva dans l'incapacité de continuer à rédiger le roman. Sa tentative ayant échoué, il eut alors le sentiment d'avoir déçu les espoirs de Wright mais aussi qu'il lui faudrait désormais trouver son propre style s'il ne voulait pas devenir un second Richard Wright. Leur relation se poursuivit malgré tout jusqu'à ce qu'en 1946 Wright s'exile à Paris.

L'année 1946 fut particulièrement sombre. Baldwin avait perdu son nouveau « père », et l'un de ses meilleurs amis, Eugene Worth, se suicida en se jetant du haut du pont George Washington à New York. Cet événement marqua Baldwin à tel point que dans son troisième roman (*Another Country*, 1962), Rufus, le protagoniste noir, se suicide de la même manière. Il commençait cependant à être introduit dans le milieu littéraire new-yorkais et, soutenu par quelques directeurs de revues qui lui commandèrent des critiques littéraires, Baldwin parvint à placer quelques articles, principalement dans *The New Leader* et *The Nation*. Son premier véritable essai – « The Harlem Ghetto » – fut publié en 1948 par la revue *Commentary* et ouvrit la voie à un autre essai – « Journey to Atlanta » – publié par *The New Leader*. Cette année-là Baldwin vit également *Commentary* publier sa première nouvelle, intitulée « Previous Condition ». Elle est fortement inspirée de sa propre histoire, nourrie de ses frustrations et des questions obsessionnelles que lui posait sa propre identité.

Un ultime projet, avec un ami photographe, rédigé en trois pages et proposé pour l'obtention d'une bourse de la fondation Rosenwald, lui permit de recueillir l'argent nécessaire pour sauter le pas, quitter New York et les États-Unis et, à l'instar de Richard Wright, se rendre à Paris.

L'exil parisien et l'« affaire Richard Wright »

Baldwin arriva à Paris le 11 novembre 1948, dans une capitale qui ne s'était pas encore remise de la guerre et de la longue occupation nazie. Il n'était pas le seul Américain, ni même le seul Noir américain, à avoir choisi Paris comme terre d'exil. Bien évidemment, le fait que le couple Wright s'y fût installé ne fut pas sans incidence sur le choix de Baldwin, mais il convient de prendre aussi en compte l'influence de Countee Cullen, son ancien professeur de français. Paris, à cette époque, était une capitale intellectuelle où les souvenirs de Montparnasse étaient encore vivaces et où le quartier de Saint-Germain-des-Prés commençait à regrouper l'*intelligentsia* et une foule d'aspirants artistes. Baldwin fut accueilli par Wright et Hoetis, le rédacteur en chef du futur magazine *Zero*. Le jeune écrivain noir américain, dont la renommée avait commencé à grandir dans le milieu des initiés de la littérature américaine, se fit rapidement accepter dans le microcosme des artistes américains expatriés qui vivotaient dans le Paris des années 50. Baldwin s'installa assez facilement dans une vie de bohème faite de rencontres dans les différents cafés de Saint-Germain, de dîners chez des compatriotes blancs bienveillants tenant « salon littéraire », de nuits passées dans les quelques bars fréquentés par les homosexuels parisiens et de « virées » matinales dans le « ventre de Paris », le quartier des Halles qui portait encore bien son nom. Toutefois, cet exil parisien eut une tout autre importance à l'égard de l'homme Baldwin. Comme pour beaucoup de Noirs américains, il représentait plus un moyen de fuir les affres quotidiennes du racisme ordinaire en Amérique qu'un laissez-passer pour l'une des capitales de la vie intellectuelle du Vieux Monde. La longue parenthèse parisienne permit à Baldwin de se confronter à la véritable question qui le taraudait depuis longtemps : son identité. Dans l'introduction au recueil d'essais intitulé *Nobody Knows My Name* (1961), il écrit :

> En Amérique, la couleur de ma peau m'avait tenu séparé de mon moi véritable. En Europe, cette barrière n'existait plus. [...] Je m'aperçus que je n'avais pas résolu la question de ma véritable identité en me soustrayant aux forces sociales qui me menaçaient, de toute manière ces forces étaient intériorisées, et je les avais traînées avec moi de l'autre côté de l'océan. La question de mon identité était devenue enfin une question personnelle, et la réponse se trouvait en moi (*PSN*, 11-12).

Baldwin découvrit du même coup la signification profonde de l'adjectif « américain » et de tout ce qu'il recouvrait. Ne fréquentant pour ainsi dire que le monde des expatriés américains à Paris, il sentit peu à peu qu'un lien fort, une histoire commune que ni les uns ni les autres ne pouvaient renier, liait tous les Américains entre eux à quelque race qu'ils appartinssent. Bien des années plus tard, Baldwin devait déclarer que son exil parisien avait constitué son véritable salut. Pourtant, il souffrait du manque de contact avec la population française, de son isolement dans le microcosme américain et, surtout, de la distance qui s'était naturellement instaurée entre Richard Wright et lui. Il est vrai que les expatriés noirs américains ne recherchaient pas nécessairement la compagnie de ceux qui avaient, comme eux, souffert des mêmes brimades ; qui plus est, le petit groupe qui gravitait autour de Wright ne voyait pas d'un très bon œil les fréquentations homosexuelles du jeune homme.

Sempiternellement sans le sou, Baldwin cherchait tous les moyens possibles de gagner un peu d'argent et, la tête pleine d'idées d'articles sur Paris, le microcosme américain, le statut d'expatrié, s'efforçait de trouver des débouchés à ses talents littéraires. Tout en continuant de travailler sur son roman qui s'intitulait maintenant « Crying Holy », il publia au printemps 1949 une critique littéraire dans le numéro 7 de *Commentary* et participa au tout premier numéro de *Zero*. C'est l'article qu'il publia dans ce magazine qui déclencha l'« affaire Richard Wright ».

En rédigeant « Everybody's Protest Novel », Baldwin se cantonnait au domaine qui jusqu'alors lui avait bien réussi : la critique littéraire. Il remettait en question la valeur de la littérature de protestation et appelait à la liberté de l'art vis-à-vis de l'idéologie. En cela il s'opposait bien évidemment à Richard Wright et allait même jusqu'à « traiter » le cas de Bigger Thomas, le protagoniste de *Native Son*. Cet article semble avoir consommé la brouille entre le père spirituel-mentor et le fils-disciple. Baldwin raconta sa rencontre avec Wright juste après la publication de l'article dans *Nobody* en ces termes :

> Richard m'accusa de l'avoir trahi, non seulement lui, mais tous les Noirs américains, en attaquant l'idée de la littérature de protestation. Il ne m'était seulement jamais venu à l'idée que l'on puisse interpréter cet essai ainsi. […] Si j'avais parlé, à la fin de cet essai, de *L'Enfant du Pays* de Wright, c'était parce qu'il s'agissait du roman sur la vie des Noirs le plus important et le plus célèbre édité aux États-Unis. Richard crut que je l'avais attaqué, alors qu'en réalité, je l'avais à peine critiqué. Et Richard fut persuadé que j'essayais de

détruire son roman et sa réputation. [...] Il voyait avec suffisamment de clairvoyance – beaucoup plus que je n'avais osé le faire – la portée réelle de mon geste ; je m'étais servi de ses œuvres comme tremplin pour les miennes. Son œuvre était un obstacle sur ma route ; c'était le sphinx dont il me fallait résoudre les énigmes pour pouvoir devenir moi-même. [...] Richard fut blessé parce que je ne lui avais attribué aucun sentiment humain, aucun échec humain. Et c'était bien vrai ; pour moi, il n'avait jamais été un être humain, il avait été une idole. Et les idoles sont créées pour être détruites (*PSN*, 202-204).

Quelques pages auparavant, Baldwin écrivait que Richard Wright était devenu son allié, son témoin et, hélas, son père. L'« affaire Baldwin-Wright » qui défraya la chronique dans le milieu des intellectuels américains, prend, après cet aveu de Baldwin, une tournure œdipienne et s'inscrit tout à fait dans ce qu'il faut bien appeler le complexe paternel baldwinien. David Baldwin – le père-prédicateur – ayant déjà été « tué », il s'agissait désormais de s'attaquer au père-écrivain. Richard Wright, étrangement, ne donna sa propre version de l'épisode qu'en 1960 et Chester Himes, un des témoins de la scène, ne proposa son témoignage qu'en 1972, dans son autobiographie (*The Quality of Hurt*). Pour Baldwin, l'épisode fut infiniment plus marquant : il y consacra quatre essais. Cet épisode mit fin à un rapport que Baldwin – le fils-disciple – commençait à trouver pesant et qui l'incitait à « tuer » une nouvelle fois le père.

« Everybody's Protest Novel » fut suivi d'un autre article intitulé « The Preservation of Innocence », publié dans le même magazine. Cet essai, qui ne fut jamais repris dans aucun des recueils publiés par la suite, traitait du problème de l'homosexualité et annonçait déjà l'idée sur laquelle l'œuvre de Baldwin allait se construire : couleur et sexe se mêlent pour constituer le problème central de l'histoire américaine.

Dans cette confrontation avec son identité en tant qu'homme de couleur et homosexuel, Baldwin se sentit immensément seul ; peut-être, alors, lui fallait-il un nouveau père ou un amant. La fin de l'année 1949 lui permit de vivre une expérience plus que singulière. Injustement arrêté pour avoir volé un drap dans l'hôtel où il logeait et ayant passé huit jours en prison à la suite de cette accusation, il relata son expérience dans un essai au titre plus qu'ironique : « Equal in Paris ». Quelques jours après sa sortie de prison, il fit la rencontre de Lucien, jeune Suisse de dix-sept ans, qui devint son ami, son frère, son amant et joua un rôle prépondérant dans l'aboutissement du premier roman de Baldwin. Au cours de leur liaison, qui n'était d'ailleurs exclusive ni d'un côté ni de l'autre, Baldwin continua à travailler sur « Crying Holy » et publia une nouvelle dans *Commentary*, « The Death of the Prophet » (1950), un essai, « The Negro in Paris », dans *The Reporter* (1950), une autre nouvelle, « The Outing », adaptée de son roman, un court essai, « The Negro at Home and Abroad » et un second essai sur Wright intitulé « Many Thousands Gone ». Grâce à Lucien, dont la riche famille possédait un château en Suisse, Baldwin put quitter Paris et l'atmosphère pesante du microcosme américain pour mettre enfin la dernière touche à son premier roman. C'est à Loeche-les-Bains, dans un village suisse qui n'avait jamais, de près ni de loin, vu un homme de couleur, que Baldwin parvint à terminer « Crying Holy ». Ce livre allait devenir *Go Tell It on the Mountain*.

Go Tell It on the Mountain (1953)

Baldwin affirma un jour que *Mountain* était le livre qu'il lui fallait écrire s'il voulait pouvoir écrire quoi que ce fût d'autre. Il lui fallait aborder ce qui le faisait le plus souffrir. Il lui fallait s'attaquer à la question du père. *Mountain* apparaît donc comme l'étape fondamentale pour aborder Baldwin et son œuvre. Ce premier roman, tant désiré, dont les premiers avatars s'intitulaient « In My Father's House » puis « Crying Holy », finit par prendre son titre au vers d'un gospel traditionnel. Les circonstances qui menèrent à l'achèvement du roman et au choix du titre définitif présentent quelque intérêt, même si rien ne garantit leur totale véracité. Le gospel *Go Tell It on the Mountain* est un chant de Noël dont la première strophe est la suivante :

> *Go Tell It on the Mountain*
> *Over the Hills and everywhere,*
> *Go Tell It on the Mountain,*
> *That Jesus Christ is born.*
>
> (Va le crier sur la montagne
> Sur les collines, partout
> Va le crier sur la montagne
> Jésus-Christ est né.)

Ce chant concerne donc la bonne nouvelle de cette naissance et, indubitablement, Baldwin vit d'emblée l'analogie possible avec sa propre histoire et la renaissance dont parle son premier roman. Il peut être utile d'ajouter à cela ce qu'il disait lui-même, à en croire James Campbell, des raisons qui le poussèrent à choisir ce titre. Lucien et James seraient partis pour une petite expédition en montagne durant laquelle James aurait glissé, serait tombé, manquant mourir dans la chute. *Mountain* aurait ainsi trouvé son titre définitif. Toutefois, ce n'est pas seulement le titre mais le roman entier qui est empreint de références autobiographiques, bien que John Grimes ne soit pas le simple *alter ego* de James Baldwin et que ce premier roman ne puisse être réduit à une œuvre autobiographique.

Durant l'hiver 1951-1952, qu'il passa dans le village suisse en compagnie de Lucien, Baldwin put, dans l'isolement total des montagnes, se confronter à toutes les questions qui l'habitaient et qu'il avait emportées avec lui dans son exil. Soutenu par Lucien et les disques de Bessie Smith, il boucla son roman et, en février 1952, l'envoya à l'éditeur newyorkais Alfred Knopf. Quelques mois plus tard, Knopf exprima le désir de rencontrer l'auteur et Baldwin rentra aux États-Unis pour travailler aux révisions nécessaires. Jimmy avait enfin réussi à se réconcilier – ne serait-ce que partiellement – avec ce père qu'il avait tant haï mais aimé aussi. Il dédia donc son premier roman à sa mère et son père.

Mountain est divisé en trois parties : The Seventh Day (Le septième jour), The Prayers of the Saints (Les prières des saints), The Threshing-Floor (L'aire de battage). En outre, l'ensemble du roman est structuré autour de la partie centrale, elle-même subdivisée en trois prières : la prière de Florence, la tante, sœur du père de John, la prière de Gabriel, le père et la prière d'Elizabeth, la mère de John. Au cœur même du roman se trouve donc le père, figure centrale d'une présence quasi divine, comme il en va dans un triptyque. John, le protagoniste, est présent essentiellement dans la première et la dernière parties. L'unité de temps et de lieu – l'action se déroule en l'espace d'une nuit, du samedi au dimanche et dans le Temple du Fire Baptised où John et sa famille se sont réunis pour l'office du soir – inscrit le roman dans une filiation avec la tragédie antique où le chœur joue un rôle prépondérant.

Le premier roman de James Baldwin est le récit de la conversion de John Grimes, le récit du meurtre symbolique du père, Gabriel, et de la deuxième naissance de John à une filiation divine et non plus terrestre. La première partie s'ouvre sur la description de la famille Grimes, dont l'aîné, John, va fêter le jour même ses quatorze ans. Son destin tout tracé est de devenir prédicateur « tout comme son père ». Dès la première page, l'analogie avec l'histoire personnelle de James Baldwin quelque quinze ans plus tôt est évidente. Baldwin resta tout au long de sa carrière fidèle à ce qu'il énonça un jour : « On ne peut vraiment écrire que ce dont on a fait l'expérience ». Les autres éléments du roman sont eux aussi largement autobiographiques ; les personnages sont des réécritures de toutes les figures fondamentales dans l'histoire personnelle du jeune Baldwin : le père, la mère, la tante, les frères et sœurs, Elisha, le jeune prédicateur. Autre figure plus que fondamentale, le « vrai » père, le père biologique, nommé Richard – l'allusion à Wright ne serait-elle que fortuite ? – est présent dans le chapitre intitulé « La prière d'Elizabeth ». Le jeune John Grimes, tout comme le jeune James Baldwin, est confronté à ses sentiments ambigus envers sa mère et surtout son père. Il s'adonne à ses rêveries de puissance sur une colline de Central Park et voue une admiration quasi amoureuse à Elisha, le jeune pasteur chargé de son instruction religieuse. Lors de l'office du soir, John observe les trois représentants de la famille qui, l'un après l'autre, dans leur prière, se souviennent des événements qui les ont conduits jusqu'à ce moment précis en ce lieu précis. La deuxième partie du roman est entièrement consacrée aux trois adultes formant le cercle familial de John. Par un jeu subtil de remémoration, de monologues intérieurs, chaque personnage offre sa version de l'histoire de son cheminement et corrige, avant ou après coup, le récit des deux autres. Le changement de points de vue permet de remettre en cause la validité et la fiabilité du dit de chacun des *Saints*. Ainsi, la figure centrale du père se trouve-t-elle démythifiée et le mensonge de sa conduite est-il mis au jour. En outre, dans chaque sous-partie, l'individu entre en communication avec le chœur représenté par le reste de la congrégation, dans un va-et-vient qui n'est pas sans rappeler la tradition d'« appel et réponse » (*call and response*) des Églises protestantes afro-américaines. Au cours de la dernière partie, dans un style onirico-allégorique digne des récits de rêves bibliques et des récits d'hallucinations freudiens, John « se convertit » dans une transe, sur l'aire de battage, lieu où, dans certaines congrégations protestantes afro-américaines, les fidèles doivent témoigner du passage, du salut accordé par Dieu. Dans une parodie du sacrifice d'Abraham, John se libère de l'emprise du père terrestre et, soutenu par Elisha, renaît quasiment de ses cendres pour commencer une nouvelle vie. Les tout derniers mots du roman insistent sur l'avènement de John en tant que véritable sujet : « Je suis prêt, dit John. J'arrive. Je suis en route. » (*C*, 256). Pourtant, cette « conversion » n'est qu'une première étape hors de la maison paternelle, tout comme pour Baldwin le premier roman ne fut qu'une étape fondamentale.

Mountain a de plus le grand mérite de poser le problème du conflit entre sexe et religion, au sein de l'histoire personnelle de John Grimes mais aussi en deçà, dans l'histoire de chaque membre influent de la famille, au sein même de la congrégation religieuse. Horace Porter, dans son ouvrage critique sur Baldwin, a insisté sur le fait que Baldwin lut l'œuvre de James Joyce pendant son exil à Paris en 1950 et trouve des échos de Stephen Dedalus dans le personnage de John Grimes. Il ajoute que *Portrait de l'artiste en jeune homme* symbolise la prise de conscience par Joyce que famille, nation et religion étaient les trois forces qui menaçaient son art, mais constituaient en même temps une métaphore de la reconnaissance par l'auteur que ces trois forces étaient nécessairement les sources de son art. Porter fait le même constat au sujet du rapport de Baldwin à *Mountain*. Sans doute faut-il reconnaître dans cette analogie le caractère de *Bildungsroman* que les deux chefs-d'œuvre partagent.

La famille, la religion, plus tard la nation, sont bien les trois forces à l'œuvre dans l'écriture baldwinienne, à la fois sources et sujets. *Mountain* est le livre qui, en quelque sorte, permit à Baldwin de pardonner à son père, de le comprendre et de régler ses comptes avec l'universalité de la dette envers le père. Pourtant, le passage le plus important du roman n'est pas celui où John obtient par l'illumination et la transfiguration accès à la vérité du mythe paternel mais celui où, ayant été témoin des prières des saints – Florence, Gabriel et Elizabeth – il reconnaît le bruit qui a empli sa vie, ce bruit, ces échos qui lui viennent de son père, de sa mère, de sa tante, de la congrégation, de ses frères et sœurs – biologiques ou spirituels – ce son étrange qu'on appelle le blues :

> Puis les ténèbres se mirent à murmurer – terrible bruit – et les oreilles de John à vibrer. Dans ce murmure qui emplissait la tombe, comme si un millier d'ailes frappaient l'air, il reconnut un bruit qu'il entendait depuis toujours. Sous l'effet de la terreur, il se mit à pleurer et à geindre – et ce bruit se vit absorbé et pourtant amplifié par les échos qui emplissaient les ténèbres.
>
> Ce bruit avait marqué la vie de John, du moins en avait-il l'impression maintenant, dès l'instant qu'il avait poussé son premier cri. Il l'avait entendu partout, dans les prières et les échanges quotidiens, partout où les saints se rassemblaient comme dans les rues des incroyants. Il résonnait dans la colère de son père, dans la calme insistance de sa mère, dans la véhémence moqueuse de sa tante ; il avait retenti, de manière très curieuse, cet après-midi même dans la voix de Roy, et quand Elisha avait joué du piano ; il se

remarquait dans les sonorités du tambourin de sœur MacCandless, dans le rythme aussi de son témoignage, et donnait à ce témoignage une autorité sans égale, irrécusable. Oui, il l'entendait depuis toujours, mais c'était aujourd'hui seulement que ses oreilles s'étaient ouvertes à ce bruit qui venait des ténèbres, qui ne pouvait venir que des ténèbres et qui pourtant témoignait assurément de la gloire de la lumière. Et, maintenant, dans ses gémissements, alors qu'il était tellement loin de toute aide possible, il l'entendait en lui-même – il montait de son cœur fendu, brisé. C'était le bruit de la fureur et des pleurs émanant du temps libéré, mais désormais enfermés dans l'éternité ; d'une fureur sans paroles, de pleurs sans voix – et qui pourtant parlaient à présent à l'âme étonnée de John d'une mélancolie infinie, d'une patience suprêmement pénible et de la nuit la plus longue ; de l'eau la plus profonde, des chaînes les plus solides, du fouet le plus cruel, de l'humilité la plus pitoyable, du cachot le plus sûr, du lit d'amour souillé, de naissance dans le déshonneur et, plus sanglant, inqualifiable, de mort soudaine. Oui, les ténèbres bruissaient de meurtres : tel cadavre dans l'eau, tel autre dans le feu, tel autre après l'arbre. John baissa les yeux vers les rangs de ces armées des ténèbres, qui défilaient les unes après les autres, et son âme murmura : *Qu'est-ce que c'est que ça ? Qui sont ces gens ?* Et se demanda : *Où vais-je aller ?* (*C*, 231-33).

Ce passage clef du roman ouvre la voie à la « conversion » de Baldwin – une conversion littéraire –, la révélation du chemin à choisir, à parcourir, pour libérer ce bruit et cette parole qui viennent des ténèbres et ne peuvent venir que des ténèbres. C'est avant tout la reconnaissance par John/James de son appartenance à une communauté, à une famille, de sa dépendance envers une histoire, un héritage, qui l'ont défini avant même sa naissance. Comme le chante sœur McCandless accompagnée bientôt par toute la congrégation : « Seigneur, je ne suis plus un inconnu maintenant ! ». Ce passage donne aussi un aperçu représentatif du style de Baldwin, un style hérité de ses quelques années de prêche en chaire, un style essentiellement oratoire, fait de répétitions, de contrastes, d'une imagerie biblique puissante et d'une musicalité proche du lyrisme. Cette langue, à la syntaxe complexe et au lexique recherché, fort éloignée du « parler noir » quotidien, crée la distance, à l'instar de la langue d'Henry James – un des « maîtres » de Baldwin ; cette distance creuse peu à peu le vide où viendra sourdre la mélodie mélancolique et un peu surannée de son écriture. Baldwin fait ici allégeance à la puissance du Verbe et au pouvoir des mots.

Mountain a la force de la révélation apocalyptique et tient la promesse de l'épigraphe à la première partie, extraite de l'Apocalypse selon saint Jean :

> L'esprit et l'épouse disent,
> Viens. Que celui qui écoute ceci dise,
> Viens. Que celui qui a soif vienne.
> Et que celui qui le désire boive librement
> À la source de vie.

Les citations des Écritures sont légion dans ce premier roman, qu'elles soient explicites ou implicites. Et les citations extraites de l'Apocalypse sont les plus fréquentes. Baldwin a, en outre, littéralement imprégné le roman d'échos bibliques : les noms des personnages, John, Elizabeth, Elisha, Gabriel, et les références aux conflits père-fils relatés dans la Bible, n'en sont que quelques exemples.

Baldwin s'appropria à la fois le texte du père et celui de son peuple. En effet, la Bible fut pendant longtemps le seul livre auquel les Noirs pouvaient avoir accès et, par le biais du sermon et du gospel, il fait partie intégrante de la matrice de la culture orale afro-américaine. En 1985, deux ans avant sa mort, Baldwin devait déclarer que *Mountain* était une sorte de chant d'amour, une confession d'amour adressée à ce David Baldwin qu'il avait mis tant d'années à comprendre, que ce livre était le fruit d'une tension entre un certain père et un certain fils et qu'il importait peu qu'il ne fût pas son père biologique. *Mountain* représente l'aboutissement de la révélation sur la vérité de la fonction paternelle, celle qui gît au-delà de la simple conception biologique. Il est considéré par beaucoup comme le plus beau roman de Baldwin, le plus accompli techniquement. Les critiques ne s'y trompèrent pas et, en majorité, l'accueillirent favorablement. Nombreux furent ceux qui insistèrent sur l'habileté de Baldwin à décrire le monde intérieur de ses personnages. Toutefois, le roman fut aussi mal interprété. Un certain nombre de critiques n'y vit qu'une œuvre traitant d'éthique et de religion ou bien un simple témoignage sur la vie quotidienne des congrégations religieuses noires de Harlem. Langston Hughes critiqua, quant à lui, la tendance de Baldwin à faire passer l'art avant la vérité. Pourtant, c'est bien à un témoignage de vérité que nous avons affaire avec *Mountain,* mais d'une vérité intangible, plus intérieure, fruit de la nécessité d'« aller crier là-haut sur la montagne » la nouvelle d'une possible libération, d'une ineffable renaissance.

CHAPITRE 2

Chroniqueur d'un pays natal

Bien que la véritable carrière littéraire de James Baldwin eût commencé par la publication d'un roman, il gagna sa renommée grâce à ses essais. Beaucoup le considèrent avant tout comme un essayiste et les textes choisis pour figurer dans les anthologies de littérature américaine et les manuels de littérature sont pour la plupart extraits des recueils d'essais. Il est vrai que Baldwin aborda très tôt ce genre littéraire qui lui valut rapidement une célébrité internationale. Le genre de l'essai fournit à cet ex-prédicateur le moyen d'expression idéal pour donner libre cours à sa verve oratoire. Libéré du carcan religieux qui lui avait été imposé pendant les années d'apprentissage au sein de la congrégation, il put traiter tous les thèmes qui lui semblaient être la source du malaise américain. Ainsi, tel un prophète, il se chargea de porter témoignage et d'ouvrir les yeux de son peuple, le peuple américain tout entier.

« Je suis né à Harlem... »

L'écriture de Baldwin est avant tout marquée par un recours singulier à l'autobiographie. Les « Notes autobiographiques» qui servent d'introduction au premier recueil d'essais s'ouvrent sur ces quelques mots: «Je suis né à Harlem» (*CPN*, 11), qui ne sont pas sans rappeler la tradition des récits d'esclave, telle qu'on peut la lire sous la plume de Frederick Douglass par exemple. En inscrivant dans le texte, dès l'*incipit*, le lieu d'où parle l'auteur des essais – Harlem, sans doute le plus célèbre des ghettos noirs – Baldwin insiste sur sa position de témoin en tant que membre à part entière de la communauté noire opprimée. « Ce que l'on écrit on ne peut le puiser que dans sa propre expérience» précise-t-il, mais « tout dépend de l'acharnement avec lequel on s'efforce d'extraire de cette expérience la dernière goutte, douce ou amère, qu'elle soit susceptible de fournir» (*CPN*, 14). Là est sans aucun doute la mission que s'est fixée l'auteur – ou l'appel auquel il répond – dire tout, aller jusqu'au bout des choses, ne plus cacher ce qui a trop longtemps été refoulé. Ainsi, qu'il écrive sur Harlem, Paris ou le sud des États-Unis, sur André Gide, William Faulkner ou Richard Wright, sur la religion, la déségrégation ou le cinéma américain, Baldwin se fonde toujours sur son expérience personnelle, sur son histoire privée, acceptant de fait une position de subjectivité totale. Pourtant son but est au-delà:

> Je vais donc vagabonder un peu ce soir dans mon propre passé, en le considérant, non pas comme mon histoire personnelle, mais plutôt comme un sujet de fiction littéraire. J'essaierai ainsi, par tâtonnements successifs, de rattacher les éléments de mon expérience aux vôtres et de découvrir éventuellement quel

> principe spécifique nous unit, en dépit de toutes nos dissemblances évidentes dont certaines sont superficielles et d'autres profondes et dont la plupart sont absolument incomprises (*PSN*, 153).

Les événements personnels, les propres réactions et sentiments de l'auteur, sont présentés puis analysés afin d'énoncer des vérités universelles, rarement affrontées, telles que la nécessité impérieuse de l'amour de son prochain et l'acceptation de soi.

Les essais de Baldwin sont donc caractérisés par l'omniprésence de la première personne, servant toujours de tremplin à une généralisation rhétorique. Toutefois, Baldwin joue fréquemment d'une certaine indétermination de la première personne du pluriel, le *nous*, qui est la somme de *je* + *vous*. Ainsi, d'un essai à l'autre, ce *nous* va recouvrir des entités différentes et semer un instant le trouble chez le lecteur, amené à se poser la question fondamentale de l'identité et des identifications. Dans « Many Thousands Gone » (« Tous ceux qui ont péri »), l'emploi de la première personne du pluriel offre à Baldwin la possibilité d'englober tous les Américains :

> L'influence que le Noir a exercée sur la psychologie américaine se trahit dans *notre* culture populaire et dans *notre* morale ; *nous* ne lui sommes aliénés que dans la mesure où *nous* le sommes à *nous*-mêmes. [...] *Nos* sentiments font intimement partie de ce que *nous* éprouvons à l'égard de tout, à l'égard de tous, à l'égard de *nous*-mêmes (*CPN*, 32-33, c'est moi qui souligne).

Dans d'autres essais, ce « nous » recouvre uniquement les Noirs américains dont Baldwin fait partie ou juste la famille Baldwin ou bien encore l'auteur et le lecteur. Ce procédé littéraire permet à l'écrivain de multiplier les focalisations afin de montrer la complexité du problème et de mettre en lumière les jeux et enjeux intersubjectifs qui sont au cœur de la question noire aux États-Unis. Pourtant, au-delà de cette préoccupation, sourd semble-t-il le désir, souvent présent chez l'écrivain afro-américain, de s'écrire, comme si l'écriture pouvait redonner cette place déniée par le Blanc. Dans le cas de Baldwin, fils illégitime, sans nom, s'écrire fut sans doute un moyen de pallier cette absence d'identité.

Un problème noir… ou blanc ?

« Si j'ai aussi longuement écrit sur ma négritude, ce n'est pas parce que je pense que ce doive être là mon seul sujet ; c'est simplement parce qu'il y avait là une porte que je devais déverrouiller avant de pouvoir espérer parler de quoi que ce soit d'autre », explique Baldwin (*CPN*, 15). Qu'il ait essentiellement écrit sur la difficulté d'être noir dans une société américaine blanche et son sens profond est une évidence, si l'on se réfère aux essais publiés. Qu'il ait réellement réussi à ouvrir la porte et parler d'autre chose, rien n'est moins sûr, tant la porte était lourde à ouvrir et… à refermer.

> La question de la couleur sert principalement, surtout dans ce pays, à dissimuler le problème plus grave de l'identité. C'est précisément la raison pour laquelle ce que nous aimons appeler « le problème noir » est si tenace dans la vie américaine, et si dangereux (*PSN*, 13).

Là réside en effet, d'après Baldwin, l'effet incontournable de ce problème dit « noir ». Mais, contrairement à certains auteurs afro-américains, tel Richard Wright, qui s'attachent d'après lui principalement à l'aspect social du problème, Baldwin va s'attaquer à sa structure psychologique, voire fantasmatique, sans toutefois ignorer l'inévitable inscription de la personne dans un ordre symbolique préexistant : « La réalité de l'homme ne se situe pas exclusivement sur le plan social, et l'artiste qui doit traiter de l'être en termes sociaux seulement se sent jugulé » (*CPN*, 42-43). Le problème « noir » n'est donc pas tant un problème « noir » qu'un problème « blanc » puisque c'est essentiellement à une représentation du Noir construite par le Blanc que tous deux sont confrontés dans la société américaine, « ce fantasme que les Américains ont toujours à l'esprit lorsqu'ils parlent des Noirs, cette image fantastique et terrifiante avec laquelle nous vivons depuis que le premier esclave succomba sous le fouet » (*CPN*, 44). Ce qui, cependant, est nouveau dans la vision et les réflexions de Baldwin, c'est son insistance sur la dépendance à la fois des Noirs et des Blancs, en somme de tous les Américains quelle que soit leur couleur, envers cette représentation fantasmatique ; « L'image que les Américains se font du Noir vit aussi dans le cœur de celui-ci et, lorsqu'il y a succombé, la vie ne peut avoir d'autre réalité » (*CPN*, 49). Ainsi, Baldwin analyse tous les liens intersubjectifs qui sous-tendent la société américaine ; entre Blancs et Noirs, entre Noirs, entre hommes et femmes, etc. La vérité qui est au cœur du problème « américain » est énoncée par Baldwin dans l'essai « Stranger in the Village » (« L'étranger au village ») relatant son expérience de premier homme de couleur noire dans un village suisse :

> La façon dont nous imaginons les autres dépend, bien sûr, des lois de notre propre personnalité et (c'est là une des ironies des relations entre Blancs et Noirs) la façon dont le Blanc imagine ce qu'est le Noir permet au Noir de savoir qui est le Blanc (*CPN*, 203-204).

Les relations entre les Blancs et les Noirs sont définies par un ensemble de projections et d'identifications prisonnières de l'ordre imaginaire. C'est cet imaginaire, auquel tout Américain est soumis chaque jour, plus ou moins inconsciemment, que Baldwin s'acharne à dévoiler dans ses écrits. Pour lui, le problème de la couleur de la peau

> pose encore un problème dans la vie américaine parce qu'elle revêt une signification, elle joue un rôle dans la personnalité américaine. Elle entre en ligne de compte parce que les Américains, d'une certaine façon, croient ou pensent en avoir besoin. Peut-être réussirons-nous à découvrir quel rôle joue ce problème dans la personnalité américaine, ce qu'il corrobore, et de quelle manière il a aidé les Américains à éprouver jusqu'à l'heure actuelle un sentiment de sécurité (*PSN*, 161-162).

Le Noir américain est en fait investi d'un rôle fondamental dans la société des États-Unis, celui de faire diversion et d'attirer sur lui les problèmes insondables du Blanc, les aspects les plus « noirs » de sa personnalité, car le noir est la couleur du mal et des ténèbres :

> Dans un sens, si les Noirs n'étaient pas là, nous serions peut-être obligés de nous mesurer à nous-mêmes, à nos

> propres personnalités, à tous les vices, toutes les énigmes et tous les mystères dont nous avons investi la race noire (*PSN*, 145).

L'homme blanc se défausse donc sur le Noir, ce dernier devenant une sorte de bouc émissaire :

> Il est bien connu que le bouc émissaire paie pour les péchés des autres, mais ce n'est qu'une légende, d'ailleurs très révélatrice. En réalité, quelle que soit la souffrance du bouc émissaire, elle ne peut pas purifier le pécheur, elle augmente seulement sa faute et entraîne sa damnation. [...] Dans le tribunal secret de l'âme, le coupable est démasqué ; ici le doigt accusateur n'est pas une légende ni une invention mais la conséquence et la vérité. Les gens paient pour leurs actions mais aussi, bien plus encore, pour ce qu'ils ont accepté de devenir. Leur punition est simple : c'est la vie qu'ils mènent (*CDL*, 73-74).

C'est donc cette culpabilité refoulée, déniée, voire même forclose que Baldwin place au cœur du problème « américain ».

Le cadavre invisible qui flotte dans l'inconscient de la nation

Métaphore

La métaphore à laquelle Baldwin a recours dans « Notes for a Hypothetical Novel » (« Notes pour un roman hypothétique ») – « Je sais que le cadavre est dans le placard, qu'il sait que je le sais et nous sommes assis, à boire ensemble, essayant de nous prodiguer des marques d'amitié ; très vite, nous ne pouvons plus parler de rien car nous ne pouvons pas parler de ça » (*PSN*, 162) – n'en est ironiquement pas une étant donné le nombre de lynchages que recèle

+ Real / Realité Personne ne sait mon nom

l'histoire commune aux Blancs et aux Noirs. Le Noir représente à la fois l'exutoire des Blancs, en ce qu'il va endosser tout ce que le Blanc ne peut ni ne veut assumer, mais malheureusement il deviendra aussi la preuve vivante de la culpabilité blanche, le retour incessant du refoulé. À la base même de ce refoulement trône le surinvestissement sexuel du Noir, le mythe de la surpuissance sexuelle du mâle afro-américain. Ce fantasme qui régit la psyché des Blancs est actualisé dans la castration si fréquente et bien réelle du mâle afro-américain une fois lynché. C'est en effet l'image qui obsède l'inconscient du Noir comme du Blanc et celle qui assaille Baldwin lors de son premier voyage dans le sud des États-Unis : « Mon esprit était plein de l'image d'un Noir, plus jeune que moi, ou de mon âge peut-être, pendu à un arbre, pendant que les Blancs le regardaient et lui arrachaient le sexe avec un couteau » (*PSN*, 111). Être un homme afro-américain c'est être une sorte de symbole phallique ambulant qui met en péril, sans nécessairement en être conscient à l'origine, la masculinité blanche. La civilisation américaine est

> une civilisation sexuellement si pitoyable que la virilité de l'homme blanc exige la négation de celle des Noirs. [...] Une civilisation qui émascule l'homme et avilit la femme et dans laquelle, en outre, l'homme est forcé de dépendre de la femme pour le pain qu'il mange [...] devant la vantardise du Blanc : « M'est avis qu'on vous rend service en injectant un peu de sang blanc dans vos mômes » (*F*, 88-89).

L'homme blanc est coupable du crime dont il investit le Noir, qu'il projette sur l'Afro-Américain.

C'est bien lui qui, au temps de l'esclavage et même encore plus tard, s'accouplait avec la femme noire, soumettant cette dernière à son pouvoir. Ainsi, l'obsession du possible viol de la femme blanche par l'homme noir n'est qu'une projection fantasmatique qui permet au Blanc de nier sa propre culpabilité et de préserver son innocence. Le mélange des races est la réalité américaine :

> Il ne s'agit pas simplement de rapports entre opprimé et oppresseur, entre maître et esclave ; la haine n'est pas la seule motivation ; le « sang », dans tous les sens du terme, y joue aussi un rôle. C'est peut-être là la réalité la plus profonde de l'expérience américaine ; nous ne pourrons commencer à en pénétrer le sens que lorsque nous admettrons tout ce qu'il y a en elle de la force, de l'angoisse et de la terreur de l'amour (*CPN*, 53-54).

Chroniques Pays Natal

Le bon Noir – le seul Noir acceptable – ne peut être qu'un clone de l'Oncle Tom, « dépouillé de son humanité et privé de son sexe [...]. Il suffisait que Tom, fidèle et asexué, oublie sa qualité d'"oncle" pour devenir violent, sournois, maussade et constituer une menace pour toute femme blanche qui passait par là » (*CPN*, 25 et 37). La réalité déniée du mélange des races met ainsi en lumière le plus grand crime des Blancs, l'infanticide : « Depuis des générations, des Blancs américains s'enfoncent dans la mort – parfois en hurlant – sachant qu'ils ont renié et, pour certains, assassiné leur propre fils, le fruit de leurs entrailles » (*CDL*, 232). Ce qu'on appelle un problème racial, insiste Baldwin, n'en est pas un. Ce n'est qu'un faux-fuyant. Le problème est ancré dans la question plus profonde de l'acceptation de ceux qui sont ma propre chair et mon propre sang : « Les Noirs sont les enfants méprisés et sacrifiés de la grande famille occidentale – bâtards sans nom et innommables » (*CDL*, 232). C'est pourquoi, tant au niveau individuel que collectif – de la nation américaine – « dans l'image que nous nous faisons du Noir, ce passé que nous renions, loin d'être mort, respire encore puissamment » (*CPN*, 38). Le cadavre dans le placard est la métaphore – pas seulement symbolique comme on aimerait le croire – d'un passé non affronté, non assumé, qui crée cet insupportable silence, ce vide insondable dans lequel est entraînée la société américaine : « Partout où paraît le visage du Noir se crée une tension, née d'un silence empli de choses inexprimables. C'est donc une erreur sentimentale de croire que le passé est mort » (*CPN*, 38). Le passé, nous dit Baldwin, est ce qui donne sa cohérence au présent et tant que ce passé ne sera pas affronté, réévalué, assumé, il restera horrible et empêchera toute relation sereine entre les Américains. On ne peut fuir impunément ses origines, son passé car ce sont eux qui contiennent la clef de ce que l'on est et sera. Baldwin appliqua à lui-même cette réflexion en se confrontant aux deux cadavres dans son propre placard, les deux corps flottant dans son inconscient : celui de son père dans « Notes of a Native Son » et celui de Richard Wright dans « Alas, poor Richard », les deux figures paternelles qu'il avait mises à mort avant de se rendre compte du caractère imaginaire des identifications et projections dont étaient investies ces deux figures. En d'autres termes, Baldwin intime à l'homme blanc de mettre fin au leurre de sa propre innocence et de se confronter aux mythes et légendes qu'il a créés et qui l'ont créé. L'homme blanc doit faire face à lui-même en acceptant de *voir* le Noir, cet « homme invisible » comme le définit Ralph Ellison dans son célèbre roman : « Tout ce que les Blancs ignorent des Noirs révèle précisément et inexorablement ce qu'ils ignorent d'eux-mêmes » (*F*, 49). Ce n'est que par un examen de conscience et une tentative de réponse à la question : « Qu'est-ce qu'un Blanc ? » que le Blanc pourra enfin se libérer de l'aliénation car

> une personne qui n'a pas confiance en soi ne dispose plus d'aucun critère de réalité, car ce critère ne peut être trouvé qu'en soi-même. Une telle personne interpose entre elle et la réalité rien moins qu'un labyrinthe de faux-semblants. Et qui plus est, ces faux-semblants, bien que la personne n'en ait le plus souvent pas conscience – elle a conscience de si peu – sont des faux-semblants historiques et publics (*F*, 48-49).

Le Blanc en Amérique doit donc accepter son passé, son histoire, dont le Noir fait grandement partie et a besoin « d'être affranchi de la tyrannie du miroir [...] les miroirs ne peuvent que mentir, [...] la mort par noyade est tout ce qui nous attend là » (*F*, 110).

Le bâtard de l'Occident

En 1955, dans les notes autobiographiques introductives à son premier recueil d'essais, Baldwin écrivit :

> Je sais, de toute façon, que j'ai personnellement atteint le point le plus crucial de mon évolution le jour où j'ai été forcé d'admettre que j'étais une espèce de bâtard de l'Occident ; en remontant le cours de mon passé, je ne me retrouvais pas en Europe, mais en Afrique (*CPN*, 13).

La spécificité du Noir américain réside justement dans cette hybridation et doit être affrontée comme telle.

> J'avais, ajoute Baldwin, devant Shakespeare, Bach, Rembrandt, les pierres de Paris, la cathédrale de Chartres et l'Empire State Building une attitude spéciale. Ces choses n'étaient pas vraiment mes créations, elles ne contenaient pas mon histoire ; j'aurais pu y chercher vainement et sans fin un quelconque reflet de moi-même ; j'étais un intrus ; ce n'était pas là mon patrimoine. Dans le même temps je n'avais aucun autre héritage qui soit vraiment utilisable [...]. Il me faudrait m'approprier ces siècles blancs, les faire miens – il me faudrait accepter mon attitude particulière, ma place particulière dans cette structure, sinon je n'aurais de place dans aucune autre (*CPN*, 13-14).

Baldwin fait donc une différence fondamentale entre les Noirs américains et les autres hommes de couleur. Au cœur de cette différence se trouve une histoire unique, celle de l'esclavage, du commerce triangulaire, de l'exploitation des Noirs par les Blancs :

> Le Noir américain est une entité unique. Il n'a d'homologues nulle part et pas de prédécesseurs. [...] Je m'appelle Baldwin parce que je fus soit vendu par ma tribu africaine, soit volé à elle pour tomber entre les mains d'un chrétien blanc du nom de Baldwin qui me força à m'agenouiller au pied de la croix (*F*, 96-97).

Dans « Princes and Powers » (« Princes et pouvoirs »), le compte-rendu du Congrès des écrivains et artistes noirs qui se tint en Sorbonne le 19 septembre 1956, après avoir écouté divers orateurs parmi lesquels Aimé Césaire, Léopold Sedar Senghor et Richard Wright, Baldwin révèle la teneur de cette différence :

> Au fond, ce qui distinguait les Américains des Noirs qui nous entouraient, Nigériens, Sénégalais, Barbades, Martiniquais [...] c'était le fait banal et pourtant flagrant que nous étions nés dans une société ouverte [...] et libre, [...] dans un pays que, nous aussi, nous avions acquis au prix de notre sang. Notre état d'esprit est donc très différent [...] de celui que l'on peut avoir quand on a le sentiment d'avoir été envahi et opprimé (*PSN*, 34).

Et cette particularité rend impossible une approche du Blanc du même ordre que celle des Africains ou d'autres Noirs, victimes de la colonisation européenne. « Le Noir américain, dit Baldwin, se fait des illusions s'il s'imagine capable d'un autre loyalisme que celui qu'il éprouve pour les États-Unis. Il est américain aussi ; il survivra, ou il périra avec le pays » (*PSN*, 89-90). Le Noir américain n'a pas d'autre choix que de vivre dans le pays qui est le sien, celui de ses parents, de ses grands-parents, de ses arrière-grands-parents, ce pays qu'il a contribué à construire, à faire prospérer. Sans pour autant renier ses racines et son héritage africains, l'Afro-Américain doit accepter qu'il est le fruit de l'Amérique, partie intégrante de son passé, de son présent et de son futur. Pourtant, cette position n'est pas simple à assumer :

> Afro-Américain ; terme qui n'est cependant que le mariage de deux confusions, l'union arbitraire de deux noms propres indéfinis et pour le moment indéfinissables. [...] Être un Afro-Américain ou un Noir américain, c'est se trouver dans la situation, poussée à l'extrême, de tous ceux qui ont fait partie d'une civilisation qu'ils ne pouvaient d'aucune façon défendre honorablement – qu'ils étaient contraints d'attaquer

> et de condamner sans cesse ; mais leurs paroles étaient inspirées par un profond amour pour ce royaume, par l'espoir de le régénérer, de lui rendre son honneur et sa dignité (*CDL*, 241-243).

Le bâtard de l'Occident, pris en étau entre deux civilisations, erre dans un entre-deux où il lui faut pourtant trouver sa place. Dans la pensée de Baldwin, saisir la singularité de cette position est fondamental, car elle est la réalité même de l'Afro-Américain et seule cette prise de conscience permettra de ne pas succomber aux mythes illusoires créés par les Blancs et les Noirs.

Une singulière dépendance envers l'irréel

L'ensemble des essais de James Baldwin insiste sur l'apparente incapacité des Américains de se confronter à la réalité. En 1964, Baldwin, en collaboration avec son ami photographe Richard Avedon, publia *Nothing Personal (Sans allusion)*. Ce livre de photos, avec texte de Baldwin, avait pour but de représenter l'irreprésentable : la singulière dépendance du peuple américain envers l'irréel, l'aversion américaine pour la réalité. Baldwin dénonce donc le caractère illusoire des mythes et légendes qui fondent la civilisation américaine et les idéaux et croyances qui lui fournissent son assise idéologique. Le rêve américain, la destinée manifeste, le fardeau de l'homme blanc et même les fondements démocratiques de la société américaine sont chaque jour mis à mal par l'évidence de la réalité – non affrontée – des conditions de vie des

Noirs en Amérique. Ces mythes et légendes n'existent que pour justifier, corroborer une attitude et rassurer l'homme blanc quant à sa supériorité et sa suprématie. « Nous tenons pour évidentes pour elles-mêmes les vérités suivantes : tous les hommes sont créés égaux... » : l'*incipit* de la Déclaration d'indépendance est pour Baldwin la preuve du mensonge et de l'illusion dans lesquels le Blanc s'abîme : « Les Noirs savent combien les Blancs sont peu préparés à inscrire leurs paroles dans les faits [...]. Cette éternelle lâcheté a produit sur la vie tout entière de ce pays un effet malsain » (*PSN*, 89). L'Amérique vit dans une illusion généralisée dont le point d'ancrage, le point de référence ultime à partir duquel une définition de soi-même est possible, serait le Noir. De par sa position inférieure, au plus bas de l'échelle des valeurs, l'homme noir « nous indique le fond, *parce que c'est là qu'il est* ; *et là où il est*, au-dessous de nous, nous savons où se trouvent les limites, et jusqu'où il faut éviter de tomber. Nous ne devons pas descendre plus bas que lui » (*PSN*, 144). Pourtant, ce point d'ancrage ne recouvre aucune réalité, explique Baldwin, si ce n'est celle endurée par les Noirs chaque jour que Dieu fait. Le Noir dans la société américaine occupe cette place car il est investi des fantasmes de l'homme blanc et des mythes créés au sujet de cet Autre expiatoire : « Si l'on examine les mythes qui ont proliféré dans ce pays, à propos des Noirs, on découvre sous ces mythes une sorte de terreur assoupie de quelque condition que nous nous refusons à imaginer » (*PSN*, 144-145). Ces mythes, continue Baldwin, « manifestement en disent plus long sur ceux qui les ont inventés que sur ceux qui en sont l'objet» (*PSN*, 145). Baldwin reprend ici une théorie freudienne bien connue, consistant pour le sujet à projeter sur l'autre tout ce qui apparaît comme inacceptable à propos de soi-même. Ainsi, le Noir n'existe dans la société américaine qu'en tant que projection de l'inconscient blanc et n'est «visible» qu'en tant qu'image irréelle, illusion quasi hallucinatoire, sa réalité – d'être humain – restant «invisible». C'est pour préserver sa propre innocence que le Blanc «efface» le réel du Noir et le rend invisible:

> Le désir général semble être de le [le visage du Noir] «laisser en blanc» si on ne peut le «blanchir». Quand ce sera chose faite, quand le passé aura été aussi radicalement effacé de ce visage qu'il l'a été du nôtre, ce sera la fin de notre sentiment de culpabilité... ou du moins il aura cessé d'être visible (*CPN*, 34).

Baldwin insiste particulièrement sur ce point dans son recueil d'essais cinématographiques *The Devil Finds Work*, en révélant la place accordée au Noir dans la culture populaire américaine, dont le septième art est un des fleurons: «On dit que la caméra ne saurait mentir, mais nous lui permettons rarement de faire quoi que ce soit d'autre, car la caméra voit l'objet sur lequel nous la braquons: la caméra voit ce que nous voulons qu'elle voie. Le langage de la caméra est le langage de nos rêves» (*DFW*, 41). La culture populaire, et Hollywood principalement, est le lieu de ce que Baldwin appelle «le lavage de cerveau» auquel les Blancs sont soumis, plongés voire noyés dans la grande illusion de la suprématie blanche et de son innocence. Paradoxalement, remarque Baldwin,

« c'est l'innocence qui constitue le crime » (*F*, 5). Le mal, le péché, le diable ne sont pas l'apanage du Noir, même si le noir est, dans la civilisation occidentale, la couleur de la damnation, et tout un chacun doit affronter le diable en lui-même :

> C'est ce moment où aucun autre être humain n'est réel pour soi, ni même soi pour soi-même. Ce diable-là n'a besoin d'aucun dogme – quoiqu'il puisse avoir recours à tous – ni d'aucune justification historique, l'histoire étant en grande partie de sa propre invention [...]. Indubitablement, les Américains devraient en savoir long à ce sujet. S'ils font semblant du contraire, ils mentent, et tout homme noir, mais pas seulement, beaucoup, beaucoup d'autres, même les enfants blancs, peuvent dénoncer ce mensonge (*DFW*, 147).

L'Amérique vit dans la grande illusion d'être un État

> envié par les autres : nous sommes puissants, nous sommes riches. [...] Mais, si nous ne nous laissions pas tant bercer par cette illusion, nous parviendrions à une bien meilleure compréhension de nous-mêmes et des autres peuples ; nous pourrions les aider à nous comprendre. Je suis très souvent tenté de croire que cette illusion est tout ce qui reste du grand rêve qui devait se réaliser en Amérique, [...] cette illusion nous empêche à coup sûr de faire de l'Amérique ce que nous déclarons désirer qu'elle soit (*PSN*, 110).

Le mensonge de la religion

Une autre source de cette grande illusion et aliénation est sans aucun doute pour Baldwin la religion. Ex-prédicateur, il dénonce les principes qui gouvernent à la fois les Églises blanches et les

Églises noires : « L'Aveuglement, la Solitude et la Terreur. [...] Je donnerais beaucoup pour croire que ces principes sont la Foi, l'Espérance et la Charité, mais il n'en est clairement rien pour la plupart des chrétiens ou pour ce que nous appelons le monde chrétien » (*F*, 34). En outre, la religion chrétienne, par le mythe de Cham, condamne le Noir à la damnation éternelle et à l'esclavage, justifiant ainsi le traitement des Noirs par les Blancs. Ce que dénonce Baldwin dans le recours à la religion par quelque peuple que ce soit, c'est cette croyance en l'existence d'un peuple élu. Ainsi, « de même qu'aux yeux des Blancs nous étions les descendants de Cham et maudits à jamais, de même ceux-ci étaient pour nous les descendants de Caïn » (*F*, 45). C'est pourquoi Baldwin, après qu'il eut rencontré Elijah Muhammad, chef spirituel de la Nation de l'Islam, condamna dans *Fire* le racisme inversé que prônaient les Black Muslims : « Dieu est noir. Tous les Noirs appartiennent à l'Islam. Ils sont le peuple élu et l'Islam gouvernera le monde. Le rêve, le sentiment sont de toujours. Seule la couleur est nouvelle » (*F*, 64-65). « La glorification d'une race et le dénigrement corollaire d'une autre ou d'autres, profère Baldwin, a toujours été et sera toujours une recette de meurtre » (*F*, 95). La religion, telle qu'elle est enseignée, instituée et pratiquée, est une dangereuse supercherie où il décèle une attitude frôlant la schizophrénie. Il va donc jusqu'à affirmer :

> Quiconque souhaite devenir un être humain véritablement moral [...] doit d'abord dire adieu à tous les interdits, crimes et hypocrisies de l'Église chrétienne.

> Si l'idée de Dieu a quelque validité ou utilité que ce soit, ce ne peut être que pour nous grandir, nous libérer, nous rendre plus capables d'amour. Si Dieu ne peut accomplir cela, alors il est temps que nous en finissions avec lui (*F*, 53).

Ce que tout homme, de quelque couleur qu'il soit, quelle que soit la race à laquelle il appartienne, se doit d'accomplir, c'est de transcender couleurs, nations et autels et accepter la réalité de sa propre identité. Et l'on ne peut se découvrir soi-même qu'en rencontrant et reconnaissant l'autre.

Une question d'identité

Le statut d'enfant illégitime de Baldwin a indubitablement joué un rôle non négligeable dans son obsession de la quête identitaire. Toutefois, c'est essentiellement à son séjour-exil auto-imposé en France que Baldwin doit sa réflexion sur ce problème. « La question de l'identité est, d'après lui, une question qui implique un sentiment de panique insondable – une terreur aussi primaire que le cauchemar de la chute fatale » (*DFW*, 93). C'est ainsi que le sujet humain en général cherche à fuir une identité trop lourde à supporter. « Une identité n'est questionnée que lorsqu'elle est menacée » (*DFW*, 93) et, pour Baldwin, la véritable identité de l'Américain lui est révélée lorsqu'il se confronte à ce qui lui est inconnu : « C'est en fait la présence de l'inconnu qui fait de *vous* un inconnu, moins pour cet inconnu que pour vous-même » (*DFW*, 93). « L'identité, ajoute-t-il, ressemble à ce vêtement dont on couvre sa propre nudité » (*DFW*, 93). « C'est une destinée complexe que celle de l'Américain » (*PSN*, 17) : citant Henry James, autre écrivain américain ayant choisi de passer le plus clair de sa vie en Europe, Baldwin, dans l'essai « The Discovery of What It Means to Be an American » (« Prise de conscience de la condition d'Américain »), insiste sur la quasi-impossibilité de définir ce que le terme « Américain » recouvre. Et c'est là, selon lui, ce qui unit tous ses compatriotes, qu'ils soient noirs ou blancs :

> Je m'aperçus à mon grand étonnement que j'étais aussi américain que n'importe quel GI du Texas. [...] Que l'origine des Blancs américains fût européenne et la mienne africaine se révéla de médiocre importance. [...] J'étais fils d'esclave, ils étaient fils d'hommes libres, mais [...] cela importait moins que le fait que nous cherchions, eux comme moi, nos identités séparées (*PSN*, 18).

L'Américain en Europe doit faire face à un autre sens de la réalité qui l'oblige peu à peu à réévaluer sa propre vision de la réalité de l'Amérique. Ainsi, paradoxalement, « son pays devient l'endroit où l'on ne pose pas de questions » (*CPN*, 159) et le pays étranger est l'endroit où l'Américain est appelé à représenter sa patrie et à justifier ses choix :

> Partout en Europe l'Américain se trouve placé devant le problème de son identité et c'est peut-être la clé de toutes les contradictions auxquelles on se heurte lorsqu'on tente de discuter le personnage. [...] Ils ne se distinguent les uns des autres que par la manière dont ils réussissent (ou ne réussissent pas) à s'accommoder de leur désarroi. [...] À partir du poste d'observation qu'est l'Europe, il découvre son propre pays. C'est là

> une découverte qui non seulement met fin à son aliénation à lui-même, mais qui lui montre aussi très clairement pour la première fois, dans quelle mesure la vie de l'Europe le concerne (*CPN*, 164-167).

Ce que Baldwin entend par là, c'est cette confrontation avec un sens de l'histoire et de la tragédie qui est nié en Amérique :

> C'est sans aucun doute ce passé qui nous impose notre rôle actuel si troublant. C'est le passé vécu sur le continent américain, opposé à cet autre passé que nous ne pouvons plus récupérer aujourd'hui sur les rivages de l'Europe, qui doit nous soutenir dans le présent. La vérité sur ce passé n'est pas qu'il est trop court, ou qu'il manque de profondeur, mais seulement qu'après lui avoir si résolument tourné le dos nous n'avons jamais exigé de lui tout ce qu'il a à nous donner. C'est cette exigence que l'[Américain] à Paris est obligé de formuler à la longue, sinon il n'a aucune identité (*CPN*, 167).

Il n'est évidemment pas question de faire venir les Américains par charters entiers pour qu'ils séjournent en Europe et vivent cette même révélation. L'expérience personnelle de Baldwin et de bien d'autres Américains est la preuve, pour lui, de l'indispensable réévaluation et acceptation du passé, qui est ce qui fonde l'identité d'une nation et de son peuple. L'Europe est en quelque sorte la métaphore à la fois du passé et de l'Autre pays, l'étranger, l'altérité en somme. La question de l'identité américaine est donc essentielle dans la pensée de Baldwin, considérant que le problème racial – l'autre race – aux États-Unis est un écran au problème bien plus sérieux de l'identité :

> Les questions que l'on se pose commencent enfin à illuminer le monde et elles permettent de comprendre l'expérience d'autrui. On ne peut affronter chez les autres que ce que l'on est capable d'affronter en soi-même. De cette confrontation dépend la mesure de notre sagesse et de notre compassion (*PSN*, 13-14).

Ce que Baldwin appelle de ses vœux, ce qu'il demande à chacun de faire, et en premier lieu à l'Américain blanc, c'est d'aller au-delà de l'apparence, de fouiller au plus profond de soi-même et de réfléchir aux implications psychologiques et historiques de la place que l'homme blanc occupe, qu'il s'est octroyé dans le monde soi-disant civilisé. Cet examen sera rendu d'autant plus facile le jour où le Blanc acceptera de voir et de se confronter à la réalité du Noir en se libérant des identifications et projections illusoires et aliénantes, car « priver le Noir de son humanité c'est donc, inévitablement, nous priver de la nôtre : la perte de notre identité est le prix que nous devons payer pour annihiler la sienne » (*CPN*, 34). « C'est une loi terrible, ajoute-t-il, inexorable, que l'on ne peut nier la valeur humaine d'un autre individu sans diminuer la sienne ; c'est dans le visage de sa victime que l'on se voit soi-même » (*PSN*, 83). Baldwin a découvert lors de son long séjour en France, en tant que Noir mais surtout en tant qu'Américain, l'importance de l'expérience commune aux Blancs et aux Noirs. C'est ce que tout Américain blanc doit accepter de découvrir :

> La seule chose que les Américains ont en commun, c'est qu'ils n'ont pas d'autre identité que celle qu'ils réalisent sur ce continent. [...] La nécessité qu'ont les

> Américains de réaliser une identité est un fait historique, un fait présent et personnel, et c'est cela qui nous rattache l'un à l'autre, vous et moi (*PSN*, 148).

Et le Noir américain est fondamentalement partie intégrante de cette identité refoulée :

> S'il veut pouvoir vivre avec lui-même l'Américain blanc doit nécessairement trouver une façon de vivre *avec* le Noir. C'est là la source d'un problème racial dont toute l'histoire se résume aux moyens que les Américains ont utilisés pour transiger avec cette nécessité, l'esquiver parfois ou, le plus souvent, essayer de faire les deux à la fois (*CPN*, 210).

Sentences et prophéties

Le recueil d'essais qui valut une renommée internationale à James Baldwin est intitulé *La prochaine fois le feu*, vers ultime, extrait d'un chant traditionnel d'esclaves inspiré de la Bible, qui clôt le recueil :

> Et Dieu dit à Noé,
> Vois l'arc-en-ciel en le ciel bleu
> L'eau ne tombera plus
> La prochaine fois le feu. (*F*, 123.)

C'est sur cette prophétie que se referme un des essais les plus enflammés de Baldwin, à une période charnière : 1963. Pourtant ce n'est pas par un recours persistant à des citations des Écritures, qui somme toute sont bien plus récurrentes dans la fiction que dans les essais, que Baldwin gagna son titre de « prophète du 20e siècle », mais bien plutôt à cause d'un ton spécifique. Doué de dons d'orateur qu'il mit en pratique et peaufina en chaire, Baldwin est un adepte de la sentence et de la prophétie. Bon nombre de phrases de ses essais résonnent comme des vérités ultimes lancées à la face de l'humanité, des accusations irréfutables, des mises en garde définitives :

> Tout examen honnête de la vie nationale montre à quel point nous sommes loin de l'idéal de liberté humaine qui a animé ce pays à l'origine. [...] Si nous nous montrons incapables de faire cet examen, nous risquons bien d'être responsables de l'un des échecs les plus remarquables et les plus monumentaux de l'histoire des nations (*PSN*, 128).

Toutefois, loin d'être de simples prêches, les essais de Baldwin se font réflexions philosophiques, explications rhétoriques qui ne sont pas dénuées d'ironie, de sarcasmes, d'un ton sardonique voire cynique : « *Les Noirs veulent être traités comme des hommes* : voilà une phrase parfaitement claire, en huit mots. Ces gens qui ont assimilé Kant, Hegel, Shakespeare, Marx, Freud, et la Bible trouvent cette idée totalement incompréhensible » (*PSN*, 79-80). Baldwin est un prophète au sens où la Bible l'entend : un messager qui a reçu la révélation et est chargé d'instruire son peuple sous des formes diverses, allant de la parabole, des écrits de sagesse, des objurgations, des diatribes et procès au chant d'amour et aux morceaux lyriques. Baldwin s'inscrit aussi dans la tradition afro-américaine des jérémiades, du prophète Jérémie, témoignant des crises intérieures qu'il a traversées et de la souffrance qui a épuré son âme, et s'inspire aussi de Job, dont le livre, l'un des chefs-d'œuvre des livres sapientiaux, se fonde sur une sagesse s'exerçant sur le plan profane qui éclaire la destinée des individus, non par une réflexion philosophique, mais en cueillant les fruits de l'expérience[1]. Mais la spécificité du caractère prophétique de l'écriture de Baldwin réside dans son refus de tout dogme religieux, quoiqu'inspirée par une conviction religieuse intense, fondée sur une religion « universelle » que Baldwin appellera sa religion de l'amour. L'amour

> arrache les masques sans lesquels nous craignons de ne pas pouvoir vivre et derrière lesquels nous savons que nous sommes incapables de le faire. J'emploie le mot amour ici non pas seulement au sens personnel mais dans celui d'une manière d'être, ou d'un état de grâce, non pas dans l'infantile sens américain d'être rendu heureux mais dans l'austère sens universel de quête, d'audace, de progrès (*F*, 110-111).

Ce que, en outre, Baldwin met au jour par l'emploi de paradoxes cinglants, frôlant l'oxymore – « Tous ceux qui ont lutté contre la pauvreté savent à quel point cela revient cher d'être pauvre » (*PSN*, 74) – c'est la contradiction au cœur de la culture et de la société américaines : prôner des idéaux que les faits contredisent : « Ce que le Noir connaît du monde blanc ne saurait susciter en lui aucun respect pour les principes selon lesquels ce monde prétend vivre. Sa condition même prouve de façon écrasante que les Blancs ne vivent pas selon ces principes » (*F*, 23). Le rôle de l'écrivain, de l'artiste, à l'instar de celui du prophète, est de révéler par son témoignage la vérité

1. Voir *La Bible de Jérusalem*, Paris, Éditions du Cerf, 1998, 783 et 1205-1228.

longtemps rejetée et de mettre en garde ceux qui persistent dans l'erreur.

Le métier d'écrire

Baldwin ayant constamment fondé ses réflexions sur sa propre expérience, il n'est pas étonnant de le voir aborder fréquemment la fonction et la responsabilité de l'artiste et plus particulièrement celles de l'écrivain noir américain. Dès les premières pages de son premier recueil d'essais, il insiste sur le thème de l'expérience d'une souffrance :

> Je suppose que tout écrivain a l'impression que le monde dans lequel il est né n'est rien d'autre qu'une conspiration contre l'épanouissement de son talent [...] et s'aperçoit que les choses qui l'ont blessé et celles qui l'ont aidé sont indissociables ; il ne pouvait recevoir une certaine aide que dans la mesure où il recevait une certaine blessure (*CPN*, 11).

L'écrivain est, malgré lui, comme tout autre homme, le fruit du monde dans lequel il vit ; il est engendré par une société, une culture, un peuple mais, pour Baldwin, « aucun écrivain n'a le droit de s'aveugler, quelle que soit la cause qu'il veut servir. Son sujet, c'est lui-même et le monde, et il lui faut utiliser toute la force vitale qu'il peut mobiliser pour se regarder lui-même comme il est et pour avoir une vision absolument authentique du monde qui l'entoure » (*PSN*, 12). Ainsi, la position de l'artiste en Amérique est d'autant plus délicate que les Américains éprouvent une méfiance envers l'intellectuel, qui pourrait détruire le mythe auquel l'Amérique s'accroche. C'est un savoir auquel a accès tout artiste américain se rendant dans la vieille Europe où le statut de l'artiste est bien différent: « Une fois en Europe, l'écrivain américain se trouve d'abord libéré de la nécessité de se faire pardonner son état. [...] Il n'a pas besoin de feindre d'être ce qu'il n'est pas » (*PSN*, 20). Baldwin reprend à son compte les critiques faites aux écrivains américains, qui ne décriraient pas la société mais seulement des individus en opposition avec elle ou isolés d'elle. Il analyse cette tendance et arrive à la conclusion suivante:

> Les tensions dont la vie américaine est à l'origine [...] sont traitées dans la littérature contemporaine surtout par contrainte; en somme, le livre a plus de chance d'être un symptôme de notre tension que le résultat de son examen systématique. [...] L'heure est venue pour nous de nous livrer à un examen autocritique, mais nous ne pourrons le faire que si nous sommes prêts à nous libérer du mythe de l'Amérique et à essayer de découvrir ce qui se passe réellement dans notre pays (*PSN*, 25).

Alors le rôle de l'écrivain est « d'étudier les attitudes, d'aller en profondeur, de remonter aux sources » (*CPN*, 12) car « toute société est gouvernée en fait par des lois cachées, par des postulats tacites mais profondément ancrés dans l'esprit des gens, et la nôtre n'échappe pas à la règle commune. C'est le rôle de l'écrivain américain de découvrir la nature de ces lois et de ces postulats » (*PSN*, 25). La situation de l'écrivain aux États-Unis est symptomatique et révèle quelque chose de terrifiant sur ce pays: il est là pour décrire ce que les autres ne peuvent ou ne veulent pas décrire: « l'importance de l'écrivain est considérable, surtout dans ce pays en ce moment, car l'Amérique reste à découvrir dans sa vraie réalité » (*PSN*, 165). Un des rôles de l'écrivain noir américain en Amérique est, depuis le point d'observation qu'il occupe et grâce à son expérience personnelle, de raconter l'histoire complexe du Noir car « raconter l'histoire du "Nègre", c'est commencer à nous libérer de son image. C'est aussi vêtir, pour la première fois, son fantôme de chair et de sang, par une meilleure compréhension de sa personne, et de ses rapports avec nous, améliorer notre compréhension de nous-mêmes et de tous les autres hommes » (*CPN*, 56). Tout art, nous précise Baldwin, est « une sorte de confession, plus ou moins oblique. Tout artiste, s'il veut survivre, est finalement forcé de raconter toute l'histoire, de vomir son angoisse. Tout, le littéral et l'imaginaire » (*Nobody*, 148). « C'est là la seule préoccupation de l'artiste : recréer, à partir du désordre de la vie, cet ordre qui est l'art » (*CPN*, 14). Pour reprendre les termes qu'il employa lors d'un entretien avec Studs Terkel en 1961, fidèle à son goût pour le paradoxe : « Les artistes sont là pour troubler l'ordre… Oui, ils doivent troubler l'ordre. Sinon, c'est le chaos » (*CJB*, 21).

C'est par conséquent une charge, une responsabilité très lourde que celle que fait peser Baldwin sur les épaules de l'artiste. Peu à peu, année après année, recueil d'essais après recueil d'essais, l'idéalisme juvénile des premières réflexions, la construction éminemment policée de la pensée, l'exubérance, la ferveur et l'éloquence, le vocabulaire et la langue académiques, plus proches de l'anglais du vieux continent que de celui du nouveau, firent place à un pessimisme désabusé, une rage moins contenue, un langage plus cru, une vision plus sombre, digne de l'Ancien Testament. Les parallèles entre la situation des Noirs en Amérique et les massacres récents au Vietnam, voire l'analogie avec l'holocauste et l'Allemagne du IIIe Reich témoignent d'une radicalisation de la pensée de Baldwin qu'il faut sûrement mettre au compte de sa position d'homme public et de son engagement personnel ainsi que d'événements marquants sur lesquels il convient de revenir ultérieurement. Le dernier recueil d'essais originaux publié par Baldwin en 1976 se termine d'ailleurs sur ces mots, exemple parlant du changement de ton de la prophétie baldwinienne :

> Les raisins de la colère attendent dans les champs de coton, les baraques d'immigrés et les ghettos de ce pays, dans les écoles et les prisons, dans les yeux, les cœurs et l'âme des malheureux, partout, dans la terre ruinée du Vietnam, au fond des orphelins et des veuves, au creux des vieillards, visionnaires, et des jeunes, rêveurs : tous ont déjà embrassé la croix couverte de sang et ne se courberont pas devant elle encore une fois ; ils n'ont rien oublié (*DFW*, 148).

Au-delà de leur valeur universelle de réflexions philosophiques, les essais de Baldwin n'en restent pas moins des témoignages uniques sur une période troublée de l'histoire américaine émanant d'un observateur d'une clairvoyance remarquable.

Chapitre 3

La contrée de l'autre

En quelque trente-cinq ans de carrière, Baldwin publia six romans et un recueil de nouvelles, auxquels il faut ajouter un conte pour enfants. Pourtant, la fiction de Baldwin n'a pas suscité l'intérêt qu'elle mérite et, les trois premiers romans et deux des huit nouvelles mis à part, la production de l'auteur dans ce genre littéraire a été quasiment passée sous silence, voire dénigrée. Or, il convient de ne pas oublier que le premier ouvrage d'importance publié par Baldwin fut un roman et que l'auteur lui-même avait déclaré à ce propos que *Mountain* était le livre qu'il lui fallait écrire avant de pouvoir écrire quoi que ce fût d'autre. Écrire de la fiction constitua pour lui plus qu'une fantaisie. Elle représente dans son œuvre un ensemble de paraboles qui illustrent les propos tenus de manière plus abstraite dans les essais. Certains critiques ont défini cette méthode comme une mise en pratique des idées prêchées dans l'œuvre non fictionnelle. Le terme « parabole » paraît plus approprié, ses connotations religieuses renvoyant à la matrice où fut formé Baldwin et à laquelle il ne cesse, directement ou implicitement, de se référer.

La fiction de l'artiste, à l'évidence, partage avec les essais les thèmes centraux de sa pensée. Pourtant, il n'y a aucune précédence des essais sur la fiction pour ce qui concerne leur genèse. Baldwin utilisa parallèlement les deux genres littéraires, dans un mouvement incessant de va-et-vient, afin de marteler dans l'esprit de l'Amérique ce que sont selon lui les causes des problèmes du pays.

Ainsi, toute sa fiction est-elle centrée sur la relation à l'autre et sur l'aliénation provoquée par le refus de prendre en compte l'altérité, à la fois comme actualisation de la différence et comme lieu de définition de soi. Comme il l'écrivit dans *Devil*, « Se rencontrer soi-même c'est rencontrer l'autre : et là est l'amour » (*DFW*, 146). Toute la fiction de Baldwin est donc centrée sur ce même thème : la contrée de l'autre et la nécessité de l'amour.

L'autre e(s)t le même

La métaphore obsédante du rapport à l'altérité dans la fiction de Baldwin est révélée par la répétition du face-à-face avec le miroir. Ainsi, de manière significative, deux des six romans s'ouvrent sur une confrontation spéculaire : « Je me regarde dans la glace » (*BS*, 13) ; « J'observe mon image dans la lueur de plus en plus obscure de la vitre » (*G*, 11). La surface réfléchissante inaugure donc une réflexion introspective du protagoniste poussée par une crise identitaire. Dans *Giovanni*, David, jeune homme blanc du sud des États-Unis, exilé à Paris, doit faire face à son image de Blanc et à l'illusion d'innocence qu'elle projette. Dans *Beale Street*, Tish, jeune femme noire vivant à Harlem, est confrontée à l'ambiguïté de l'identité donnée par le baptême :

> J'ai été baptisée sous le nom de Clementine, ce serait donc logique qu'on m'appelle Clem, et même, à y penser, après tout, Clementine, puisque c'est mon nom. Mais pas du tout. On m'appelle Tish (*BS*, 13).

Tish en devient donc métaphore du bâtard sans nom, le Noir américain, portant le nom de son maître et ne possédant aucune réelle identité propre. La relation au miroir a en outre pour corrélat la narration homodiégétique, le récit à la première personne permettant de questionner la valeur du *Je* tout en l'inscrivant comme entité à part entière dans la production du texte. L'isotopie du miroir dans l'œuvre de Baldwin marque la dépendance du sujet envers la relation imaginaire et spéculaire à l'autre et au moi. Ce que le protagoniste cherche dans le miroir est une réponse à la question « Qui suis-je ? », voire même, dans le cas du Noir américain, « *Que* suis-je ? ». Or, la réponse à cette question ne peut être trouvée dans le reflet du miroir car mon reflet est autre que moi-même : « Je me rasai – très très lentement, très très soigneusement : je rasai quelqu'un d'autre. J'examinai mes yeux : c'étaient les yeux de quelqu'un d'autre » (*HQ*, 12-13). Hall Montana, le narrateur homodiégétique du dernier roman de Baldwin, exprime l'absence d'identité entre le *Je* et le reflet du miroir, entre le sujet de l'énonciation et le sujet de l'énoncé, à l'instar de son frère Arthur, qui à son tour découvre que « votre propre visage, quand vous l'interrogez dans un miroir, ne révèle rien du tout» (*HQ*, 371). «Le miroir ne reflète que votre état d'esprit» (*HQ*, 233) révèle Hall, «peut-être l'histoire ne se trouve-t-elle pas dans nos miroirs mais dans nos reniements: peut-être l'autre est-il nous-même» (*HQ*, 380). Cette révélation était déjà présente dans le premier roman où John Grimes, chargé du ménage dans la maison, s'attaque au miroir et y voit révélée l'image d'un moi étranger: «John fixa son visage comme s'il s'était agi du visage d'un inconnu – très vite, il lui apparut d'ailleurs comme tel» (*C*, 30). Ce que le reflet révèle à John n'est qu'un corps morcelé, sans unité: deux yeux, un front, une énorme bouche. La découverte de ce que l'on voit au travers du miroir – l'illusion du moi – permet d'accéder à l'importance de l'autre comme lieu de définition de soi-même: «Je commençai à me voir dans les autres» (*HM*, 16) affirme Leo Proudhammer, le narrateur homodiégétique de *Train*. Ainsi, Baldwin illustre ici sa théorie selon laquelle il faut se confronter à l'autre pour se découvrir soi-même. Mais, ce rapport à l'autre doit être libéré, autant que faire se peut, de toutes les identifications et projections, fruits de l'imaginaire une fois encore représenté dans la fiction de Baldwin par la médiation spéculaire du miroir: «Elle le regarda dans le miroir de l'ascenseur. [...] Il *n'était plus que* beauté et élégance [...]» (*AP*, 109, c'est moi qui souligne).

C'est essentiellement dans le second roman publié par Baldwin que le caractère létal de la dépendance envers le miroir est représenté. David, ayant refusé d'assumer l'amour qu'il porte à Giovanni, est prisonnier de son propre reflet et ne peut reconnaître sa part de culpabilité dans l'imminente exécution de son amant sous la guillotine : « Le corps dans le miroir me force à me retourner et à lui faire face. [...] Il est pris au piège de ce miroir comme il est pris au piège du temps et il se précipite vers la révélation » (*G*, 200-201). Bien que David exprime le souhait de briser le miroir et de se libérer des images illusoires qu'il renvoie, il en est incapable et se contente de s'en détourner. À l'instar du Blanc en Amérique qui, pour préserver son innocence, sacrifie l'autre – le Noir – David sacrifie Giovanni pour préserver sa pureté, sa virginité illusoires. Mais, comme l'exprime Hall Montana dans *Just Above My Head*, « le pouvoir de définition de l'autre scelle la définition de nous-mêmes : qui, alors, dans cette effroyable logique, est [...] pris au piège ? » (*Just*, 512). Refuser de reconnaître l'autre, qui est l'entité, le lieu où moi-même je suis défini, revient à s'auto-annihiler car la vraie victime n'est pas celle que l'on croit.

Comme un frère, comme un amant

Dans *Just*, la première étreinte entre Arthur et Crunch est décrite ainsi : « Crunch s'enroula bras et jambes autour d'Arthur, l'étreignit comme il ne l'avait jamais été et l'embrassa, d'abord comme un frère puis comme un amant » (*HQ*, 157). Cet extrait montre combien est étroit le lien entre la relation fraternelle et la relation homosexuelle dans la fiction de Baldwin. Ces deux types de relation s'inscrivent en fait dans un rapport à l'autre en tant qu'identique, un rapport éminemment narcissique, qui n'est pas sans rappeler l'obsession pour le spéculaire dont il a été fait mention. L'altérité, si fondamentale dans la pensée de Baldwin, est représentée en premier lieu par le frère, dans une relation ambiguë teintée d'amour et de haine. Ainsi, dès *Mountain*, John Grimes est témoin d'une scène où Roy est battu par le père pour avoir désobéi – scène décrite plus en détail dans la nouvelle intitulée « The Rockpile » [« Le tas de pierres »] – lors de laquelle John se surprend à désirer la mort de son frère et à souhaiter prendre sa place, victime de pulsions masochistes envers son père. Mais l'autre fraternel, dans le premier roman, n'est pas encore libéré d'un dédoublement nécessaire à l'expression du caractère ambigu de la relation. Ainsi, Elisha, jeune prédicateur, qui joue un rôle essentiel dans la conversion de John, devient le frère symbolique de celui-ci et l'autre pour lequel il peut éprouver de l'amour. La fiction de Baldwin est en fait peuplée de frères et sœurs, de sang ou symboliques, membres d'une même famille ou d'une congrégation religieuse. L'auteur consacra d'ailleurs deux de ses romans et une nouvelle à décrire cette relation privilégiée. Dans la nouvelle « Sonny's Blues » (« Blues pour Sonny »), le narrateur est amené à retrouver ses racines, son histoire, et à découvrir la valeur du blues en écoutant son frère jouer *Am I Blue* au piano. Le frère oublié, méconnu mais redécouvert, est cet autre, différent de moi mais qui abrite en lui une partie de moi-même. L'importance de cette histoire commune aux frères est au centre de la relation entre Leo et Caleb dans *Train*, et le tout dernier roman, *Just* – véritable chant d'amour de Hall pour Arthur, son frère, en même temps que long travail de deuil – est entièrement consacré à ce thème. La relation fraternelle, pour Baldwin, semble bien représenter la quintessence même de l'intersubjectivité humaine et l'amour que peuvent se porter deux frères est la pierre angulaire de la nouvelle religion de Baldwin : « Mon frère. Sais-tu, ami, comment un frère aime son frère, sais-tu le puissant, l'incommensurable face-à-face avec la vérité que recèle ce simple mot ? » (*HQ*, 12). Cet amour est « consacré » dans l'œuvre fictionnelle par le rapport incestueux entre Leo et Caleb, seule relation sexuelle entre frères réellement décrite dans l'œuvre entière, rapport sublime, au-delà de toute loi, celle des hommes et celle de Dieu :

> Je t'aimerai Caleb, je t'aimerai toujours, à la vue du Père et du Fils et de cet enculé de Saint-Esprit et de tous leurs hôtes sordides, et à la vue du monde entier, et je chanterai Alléluia, gloire à mon amour pour toi, je le chanterai en enfer (*HM*, 202).

La relation fraternelle incestueuse est par la suite reproduite symboliquement dans le rapport avec un substitut du frère, le jeune Christopher pour Leo, Jimmy et Crunch pour Arthur, mouvement ébauché par le rapport John/Elisha dans *Mountain*. La relation homosexuelle semble, chez Baldwin, ouvrir la possibilité d'une découverte mutuelle, d'une révélation réciproque, où deux hommes, dans la nudité de leurs corps identiques, peuvent se libérer des hypocrisies, mensonges et illusions, de l'impérieuse nécessité de prouver leur propre masculinité. Ainsi Eric, le personnage homosexuel de *Country* qui vit son idylle avec Yves au grand jour, apparaît-il comme celui qui détient un savoir sur la vie et sur les relations humaines : « C'est très difficile de vivre [...] avec l'impression que l'on n'est jamais ce que l'on semble être... jamais... et pourtant, ce que l'on semble être, est probablement ce que l'on est vraiment » (*AP*, 444-445). Il deviendra le point nodal reliant tous les personnages du roman : amant d'Yves, de Rufus, de Vivaldo et de Cass. Toutefois, il est à noter que l'homosexualité dans l'œuvre de Baldwin n'est pas exactement une fin en soi, plutôt une expérience parmi d'autres, peut-être l'expérience fondamentale et fondatrice mais en aucun cas ultime. En effet, rares sont les personnages qui, ayant des relations homosexuelles, n'ont pas également des rapports hétérosexuels, la bisexualité semblant ainsi plus à même de représenter cet éveil à l'autre. L'exception de taille, sans doute particulièrement significative, est le personnage d'Arthur, dernier « héros » de la fiction, qui est exclusivement homosexuel.

Race et sexe : le fruit défendu

L'altérité dans l'œuvre de Baldwin n'est pas seulement incarnée par le frère ou l'amant, l'autre race y occupe une place prépondérante. Cette altérité, actualisée par une différence de pigmentation, est surinvestie, comme Baldwin l'a répété dans bon nombre de ses essais, par les fantasmes projetés par le Blanc sur le Noir. Elle s'appuie en outre sur un substrat religieux qui associe la couleur noire au diable, aux ténèbres, au péché et à la souillure – la malédiction de Cham, fils de Noé, continuant à peser sur ses descendants de génération en génération. Dès l'Ancien Testament, en effet, cette malédiction est liée à un contenu sexuel – Cham étant puni pour avoir vu son père, Noé, nu et s'en être moqué – fondement même des fantasmes qui surdéterminent le Noir. Ainsi Baldwin superpose race et sexe et représente dans sa fiction les sources sexuelles du racisme américain : « Et de plus… eh bien, regarde, la façon dont j'ai été élevée. Tu es le fruit défendu » (*HM*, 262), affirme Barbara, femme blanche, amie et maîtresse de Leo Proudhammer, la référence au péché originel insistant sur les sources religieuses d'une culpabilité universelle. Mais c'est sans aucun doute dans *Country* que Baldwin décrit le mieux la matrice sexuelle au sein de laquelle les relations intersubjectives opèrent en Amérique, entre hommes et femmes, entre Blancs et Noirs, entre hommes, Baldwin essayant de décliner toutes les combinaisons possibles dans ce long roman new-yorkais. La description crue des rapports sexuels entre Rufus, le protagoniste noir de la première partie du roman, artiste déchu, paranoïaque, vivant ses dernières heures dans un New York hostile et Leona, femme blanche ayant fui le Sud, véritable incarnation de la *Southern Belle*, dévoile les véritables pulsions qui régissent le rapport homme noir/femme blanche : « Il tordait ses doigts dans ses longs cheveux clairs et usait d'elle de toutes les manières qui allaient l'*humilier* le plus. Ce n'était pas de l'amour qu'il ressentait pendant ces actes d'amour ; épuisé et tremblant, totalement insatisfait, il fuyait la *femme blanche violée* pour se réfugier dans les bars » (*AP*, 53, c'est moi qui souligne).

L'acte sexuel n'est ici que l'actualisation du fantasme dont l'homme noir est investi par l'homme blanc. Rufus sombre psychologiquement et finira par se suicider car il accepte de jouer le rôle que le Blanc lui assigne dans son imaginaire. Alors que les écrivains afro-américains antérieurs avaient insisté sur les causes sociales de la paranoïa noire, tel Richard Wright s'inspirant de l'École de Chicago, Baldwin s'attaque à ses causes psychologiques et pointe une certaine responsabilité du Noir vis-à-vis de sa propre paranoïa : « En le présentant comme partiellement responsable, je tentais de me libérer de l'image sentimentaliste généralisée du pauvre nègre poussé à cette extrémité [le suicide] par les Blancs » (*CJB*, 104). Point de sentimentalisme dans ce roman, comme le précisa Baldwin quelque huit années plus tard, mais plutôt une étude socio-psychologique des rapports humains dans la microsociété américaine représentée par New York. Au cœur même de ce système de relations, Baldwin place le fantasme du viol de la femme blanche par l'homme noir. C'est ce fantasme fondamental qui tend à régir les rapports entre Blancs et Noirs, de sexe différent ou de même sexe. Ainsi, tout au long du roman plane le spectre d'une relation sexuelle salvatrice, avortée, entre Vivaldo, apprenti écrivain blanc d'origine italienne, et Rufus, une relation rendue impossible par l'incapacité de part et d'autre de se libérer des mythes imposés par la civilisation américaine :

> J'ai eu la plus étrange des impressions, comme s'il voulait que je le prenne dans mes bras. Non pas pour faire l'amour, bien qu'on eût sans doute fini par en arriver

> là ; j'avais seulement l'impression qu'il voulait que quelqu'un le tienne [...] et que cette nuit-là, il fallait que ce soit un homme. [...] Je me demandais, je crois que je me le demande encore, ce qui se serait passé si je l'avais pris dans mes bras, si je l'avais serré, si je n'avais pas eu... peur. Je craignais qu'il ne comprenne pas que c'était uniquement de l'affection. Oui, seulement de l'affection. [...] Lorsqu'il est mort, j'ai pensé que j'aurais peut-être pu le sauver si je m'étais rapproché ne serait-ce que d'un centimètre, sur ce lit, pour le prendre dans mes bras (*AP*, 457).

De manière significative, Vivaldo s'engage dans une relation amoureuse et sexuelle avec Ida, la sœur de Rufus, leur couple offrant ainsi le reflet inversé du couple Rufus/Leona. Baldwin toutefois aborda rarement le problème posé par le couple homme blanc/femme noire – l'autre exception étant représentée par la nouvelle « Coming out of the Wilderness » (« Les ténèbres extérieures ») – car il n'offre pas la même perspective fantasmatique. Et c'est dans une autre nouvelle, « Going to Meet the Man » nouvelle (« Face à l'homme blanc »), que Baldwin représenta de manière magistrale les sources sexuelles, voire homosexuelles, du racisme et de la violence raciste du Sud. S'ouvrant sur l'impuissance sexuelle de Jesse, shérif d'une ville du Sud chargé de mater les mouvements noirs, la nouvelle reconstruit, le temps d'une nuit « blanche », les événements de l'histoire personnelle de Jesse jusqu'à faire ressurgir le souvenir du traumatisme originel : un effroyable « pique-nique » au cours duquel un Noir est lynché, castré, déchiqueté puis brûlé sous les yeux de Jesse enfant, juché sur les épaules de son père. La reconstitution du souvenir, longtemps refoulé, de cette initiation aux mystères de la vie par un père appréhendé comme castrateur, permet à Jesse adulte de recouvrer sa « virilité » perdue et, dans une parodie du viol de la femme blanche par le nègre, d'accomplir enfin son devoir de mari : « Viens, ma chérie. Je vais te prendre comme un nègre, oui, comme un nègre. Viens, ma chérie, et aime-moi comme tu aimerais un nègre » (*FHB*, 286). Par cette parabole, Baldwin nous instruit de ce que la source du racisme en Amérique est à chercher dans le refoulement et la culpabilité sexuels qui poussent le Blanc à projeter sur le Noir ses propres fantasmes.

Préservation de l'innocence

Dès son premier roman, Baldwin a en effet ancré son œuvre dans une expression de la culpabilité. Les protagonistes de *Mountain* se sentent tous coupables d'une faute et ont recours à l'expiation par le biais de la pratique religieuse. Cette conscience douloureuse d'être en faute, consécutive ou non à un acte jugé répréhensible, est le ferment même de la pratique religieuse. Ainsi, dans la fiction de Baldwin, la culpabilité est avant tout liée à la religion et aux interdits qu'elle pose. L'œuvre romanesque, s'ouvrant sur l'aube des quatorze ans de John Grimes, est d'emblée inscrite dans la culpabilité, symbolisée par une tache jaune au plafond qui peu à peu prendra des formes sexuelles et des connotations œdipiennes : « (tandis que la tache jaune au plafond se transformait lentement en femme nue), il se rappela que c'était son quatorzième anniversaire et qu'il avait péché » (*C*, 19). Les marques de la souillure envahissent d'ailleurs toute l'œuvre rappelant aux divers personnages que le noir est la couleur du péché et le blanc celle de la pureté et de l'innocence, un symbolisme primaire hérité des Écritures. Nombreux sont donc les protagonistes qui rejettent leur négritude, dont la pigmentation est l'emblème métonymique. À l'instar de Florence Grimes, qui utilise des crèmes « blanchissantes », les personnages des romans et nouvelles cherchent à « se blanchir » au sens propre comme au sens figuré, et à retrouver cette pureté/innocence perdue. Or, cette pureté/innocence incarnée par le Blanc n'est qu'une illusion, un leurre, qui ne peut que conduire à l'aliénation, voire à la mort. En cela, Baldwin s'inscrit dans un héritage biblique faisant du destin de l'homme le fruit d'une faute ancestrale. La culpabilité est inhérente à l'être humain ; on ne peut la nier sans se dénier soi-même en tant qu'être humain. La parabole illustrant cette idée est le sujet même du deuxième roman de Baldwin, roman que l'on a longtemps considéré comme un roman homosexuel – s'il en est – mais qui, en réalité, aborde un problème bien plus universel. Il est indéniable que *Giovanni* a permis à Baldwin de révéler son homosexualité à lui-même et aux autres, de faire son *coming-out* comme on dit de nos jours, mais son roman ne peut se résumer à cela : il aborde la question plus générale de la « préservation de l'innocence » – expression empruntée à un essai publié par Baldwin en 1949 traitant justement de l'homosexualité. David, le personnage blanc du roman qui ne peut assumer totalement ses pulsions homosexuelles et donc sa relation avec Giovanni, est décrit par ce dernier en ces termes :

> Tu aimes ta pureté, tu aimes ta propre image, tu es comme une jeune vierge, tu vas les mains devant toi comme si tu avais de l'or, de l'argent, des pierres précieuses, des rubis, peut-être des diamants, là, entre tes jambes ! [...] Tu veux rester propre. [...] Tu veux quitter Giovanni parce qu'avec lui tu pues (*G*, 170).

David n'incarne-t-il pas parfaitement cet homme blanc, imbu de sa propre innocence, incapable de voir ses erreurs et de les reconnaître, cachant ce sexe qui, pourtant, est la source du problème ? L'homme blanc fuit celui qui entache sa pureté – le Noir en est l'incarnation plus que parfaite – pour le rendre invisible et si cela n'est pas suffisant, il le supprime, au sens propre du terme. Ainsi, la fin de la relation entre David et Giovanni mènera à l'exécution de ce dernier sur l'échafaud. Pourtant, David ne pourra fuir la culpabilité, déplacée cette fois sur la tête tranchée de son ancien amant, symbolisation de la castration si omniprésente dans l'œuvre entière. Baldwin insiste donc sur la nécessité impérieuse de prendre conscience de ses fautes, de fuir l'état illusoire d'innocence et d'assumer et non plus subir, comme c'est le cas dans la pratique religieuse, une culpabilité qui est universelle : si nous sommes tous coupables, l'innocence en tant que telle n'existe plus et l'homme blanc peut enfin se libérer du mythe dans lequel il s'est lui-même emprisonné. Chacun à sa manière doit entreprendre un douloureux et complexe travail de mémoire.

Reconstruire l'histoire

Pour Baldwin, l'objectif du romancier est de servir la vérité, qu'il définit comme « un dévouement total à l'être humain, à sa liberté et à son accomplissement » (*CPN*, 21). Mais quelle est cette vérité que Baldwin appelle de ses vœux, désire et convoque ? Il semble que la vérité recherchée par le romancier aille bien au-delà de celle de l'essayiste et que la fiction de Baldwin s'attache à la révélation d'une vérité beaucoup plus abstraite que la simple vérité sur le problème dit « noir ». Au fur et à mesure qu'il progresse dans son parcours de romancier, Baldwin aborde le caractère ontologique de cette vérité : la vérité sur l'être humain. Qu'il soit blanc ou noir, tout être humain est la somme d'une histoire, le fruit d'expériences passées ; il est déterminé par son passé. D'où l'importance de reconstruire l'histoire, de s'y confronter, afin de re-connaître sa propre identité. Cette prise de conscience par l'écrivain du caractère essentiel du travail de mémoire est révélée par le recours de plus en plus systématique à l'anamnèse, frôlant souvent l'auto-analyse. Ainsi, alors que les personnages des premiers romans et nouvelles subissent le retour d'événements passés, à partir de *Train* et surtout dans *Just*, les narrateurs – Leo Proudhammer et Hall Montana – forcent la remémoration et sont confrontés aux obstacles inhérents à ce travail. Dans le premier cas, Leo, convalescent après une crise cardiaque, se trouve de fait dans la situation idéale pour cette auto-analyse, de par la position allongée qui lui est imposée. Dans le cas de Hall, c'est

C'est la limite avec Faulkner !

l'anniversaire de la mort de son frère qui déclenche le travail de deuil, un travail qui, selon la psychanalyse, consiste à se libérer de l'objet perdu et à retourner l'énergie sur le moi afin de se débarrasser de la réaction dépressive[1]. Pourtant, ce dont il s'agit dans l'anamnèse n'est pas tant de se souvenir que de réécrire l'histoire ; l'essentiel est la reconstruction du passé dans le présent. Ce qui compte en fait c'est ce que le sujet en reconstruit[2]. Ainsi c'est le processus même de reconstruction qui devient le sujet du dernier roman de Baldwin, Hall Montana prenant conscience que

> la mémoire est un étrange véhicule. Ou peut-être sommes-nous, nous, le véhicule qui transporte ce passager toujours plus encombrant et capricieux nommé mémoire. [...] Mais l'événement, le moment, gravé en moi, qui est moi-même plus que mon propre nom échappe à ma mémoire (*HQ*, 152).

Et le texte est d'autant plus marqué par le processus de remémoration, de reconstruction, que les obstacles et résistances sont importants. La place du sujet de l'énonciation n'est plus toujours garantie (« Terrifié malgré moi, espérant être capable d'affronter ce que je sais n'oser qu'à peine affronter, moi-même dans tout cela, moi-même et le moi prisonnier dans ce frère que j'adorais avec tant de vertu » – *HQ*, 108), les mots doutent de leur sens (« [...] pourquoi

1. Voir Sigmund Freud, « Deuil et mélancolie », in *Métapsychologie*, Paris, Éditions Gallimard, 1968, 147-174.

2. Voir Jacques Lacan, *Séminaire livre I, Les Écrits techniques de Freud*, Paris, Éditions du Seuil, « Points Essais », 1975, 25-27.

dit-on une mare [de sang] ? – une tempête, une violence, un prodige de sang» – *HQ*, 11) et le *Je* se sépare graphiquement du reste de la phrase: «Je: assis auprès du téléphone» (*HQ*, 11). L'anamnèse dans la fiction de Baldwin apparaît bien comme la tentative de «remembrement» de la maison que le discours du père du premier roman veut voir remise en ordre. En effet, se remémorer (*to remember*), pour Baldwin, se charge d'une polysémie singulière: quelques semaines avant sa mort, d'après David Leeming, Baldwin travaillait d'arrache-pied à un manuscrit intitulé *Remember This House*, sur la couverture duquel il écrivit «*re/member*», suggérant par là le but du livre: la tentative d'un témoin de reconstruire une «maison» détruite (DL, 370). N'est-ce pas là encore une parfaite métaphore du travail que la maison Amérique doit accomplir? Retrouver, «par cette synthèse présente du passé qu'on appelle l'histoire»[3], tous les membres de la famille, à l'instar du rêve final de Hall, réunissant tous les membres de la famille (élargie) Montana.

Si le blues pouvait…

De manière significative, l'œuvre de fiction de Baldwin se termine sur les paroles d'un gospel que Hall aimait entendre chanté par son frère Arthur. Le rôle de l'art vocal traditionnel afro-américain dans l'œuvre de Baldwin est de première importance. Les

3. *Ibid.*, 62.

trois types de chants traditionnels de la culture afro-américaine sont tous issus de la même matrice : le sermon et le prêche. Ils en sont plus ou moins éloignés mais sont tous profondément enracinés dans la tradition orale afro-américaine, une « culture orale résiduelle » pour reprendre le terme utilisé par Bernard Bell, s'opposant aux cultures strictement lettrées, car fondée sur l'« auralité », le fonctionnel, le collectif, le direct et insistant sur la performance, le mnémonique et l'improvisation, une culture reposant sur une interaction, une dialectique entre le parlé et l'écrit[4]. Or, l'œuvre de fiction de Baldwin est marquée du sceau de cette oralité/auralité, ne serait-ce que par les titres mêmes choisis par l'auteur : quatre des six romans portent des titres inspirés de Negro Spirituals, gospels ou font allusion au blues. En outre, dans le texte des œuvres, affleurent çà et là, à des moments particulièrement symboliques, des citations issues de ce qu'il faut bien appeler la matrice culturelle afro-américaine. Cette matrice, qui pourrait être considérée comme un code ou une force qui agit au sein de la communauté, préexistant au sujet, investit cette intertextualité d'une valeur heuristique. Tels des actes de parole, les sermons, gospels, blues, spirituals représentent l'avènement d'une parole pouvant être définie comme « pleine ». Référence est faite ici à l'expression utilisée par Jacques Lacan pour définir le discours contenant les symboles affectifs et imaginaires, opposée à la parole

4. Bernard W. Bell, *The Afro-American Novel and Its Tradition*, Amherst, U. of Massachusetts P., 1987, 20-21.

« vide » ne contenant pas l'affect[5]. Ainsi, dans la fiction baldwinienne, les souvenirs du narrateur se doublent d'une inscription dans le texte des traces de ces actes de parole qui fondent le sujet afro-américain. Cette intertextualité, voire « interauralité », résume la démarche de Baldwin : transcender l'expérience personnelle pour la rattacher au vécu, au savoir commun présent dans le « déjà-dit » de la culture afro-américaine. L'inscription de la tradition orale afro-américaine dans le texte est ainsi la représentation du processus toujours en mouvement consistant à « transmettre l'expérience de l'expérience » typique du blues[6]. Le texte semble fonctionner alors suivant la tradition d'appel et réponse des Églises afro-américaines. L'un des meilleurs exemples est celui de l'emploi contrapontique du blues dans un passage de *Country* : « *Y a des milliers de gens*, chantait maintenant Bessie [Smith], *qui n'ont nulle part où aller*, et, pour la première fois, Rufus commença à entendre, dans la monotonie sévère et sobre de ce blues, quelque chose qui parlait à son esprit troublé » (*AP*, 74). Le blues donne son sens à l'expérience de Rufus et celui-ci entre en communion avec le « déjà-vécu » de sa race. C'est aussi grâce au blues que le frère de Sonny dans « Sonny's Blues » peut reconnaître enfin sa propre appartenance à une expérience de souffrance commune :

5. Jacques Lacan, « Fonction et champ de la parole et du langage », in *Écrits I*, Paris, Éditions du Seuil, 1966, 130.

6. Voir Houston Baker, *Blues, Ideology, and Afro-American Literature : A Vernacular Theory*, Chicago, U. of Chicago P., 1984, 15.

> J'écoutais ce qu'il avait souffert et ce qu'il continuerait à souffrir jusqu'à ce qu'il repose en terre. Il avait accepté ce long fil conducteur, dont nous ne connaissions que maman et papa, et il le transmettait, ainsi que tout doit l'être, pour que malgré la mort il vive éternellement. Je revis le visage de ma mère et sentis, pour la première fois, combien elle avait dû se meurtrir les pieds aux pierres du chemin. Je vis la route éclairée par la lune où était mort le frère de mon père. Et ceci me rappela autre chose qui m'émut encore davantage : ma petite fille et les pleurs d'Isabel, et les larmes me montèrent aux yeux (*FHB*, 158).

Tout comme le blues permettant la médiation entre le sujet et l'histoire de son peuple, les gospels auxquels Baldwin a recours dans son dernier roman s'inscrivent dans cette réappropriation par le sujet du patrimoine phylogénétique de la communauté afro-américaine. Les citations de gospels dans le roman ne sont pas simplement justifiées par la vocation d'Arthur Montana et son métier, chanteur de gospel, elles sont comme autant d'appels du frère mort – comme les notes jouées par Sonny – à se convertir à cette expérience qui fonde la communauté : « J'observais mon frère avec émerveillement, sentant le pouvoir des gens derrière et autour de moi. *Il nous a semblé, à nous qui l'avons entendu, qu'il chantait à propos de nous*. Et c'était ce qu'il faisait, comme si un plan longtemps demeuré secret était révélé. *Il* est *nous* » (*HQ*, 317). Le cas de *Just* est d'autant plus intéressant que le titre du roman est emprunté au premier vers d'un gospel qu'une des protagonistes de *Country* a coutume de fredonner. Les références intertextuelles forment donc dans l'œuvre fictionnelle un réseau, tissent une toile, permettant d'assurer une nouvelle cohésion au sein de la communauté.

Famille et communauté

La famille est omniprésente dans la fiction de Baldwin et occupe une place singulière dans l'imaginaire et le symbolique de l'auteur. Le premier roman s'ouvre sur la description d'une famille typique de Harlem, la famille Grimes. Les autres romans ne feront bien souvent que reproduire ce schéma familial, avec la famille Scott dans *Country,* la famille Proudhammer dans *Train,* les familles Rivers et Hunt dans *Beale Street* et les familles Montana et Miller dans *Just.* Ces familles afro-américaines sont parfois complétées par des familles blanches telles que celle de David dans *Giovanni,* celle de Vivaldo Moore et celle d'Eric dans *Country,* celle de Barbara dans *Train.* Toutefois, la grande majorité des protagonistes de la fiction de Baldwin peuvent être considérés comme coupés de leur famille à l'instar de Leo Proudhammer : « J'aurais pu être différent – ces années auraient pu être différentes – si je n'avais pas été séparé de ma famille » (*HM*, 324). Cette extranéité est vécue par le premier héros baldwinien comme l'expression de la culpabilité et se répétera chez tous les autres personnages du roman. Richard, le père biologique de John, est orphelin ; Florence, la tante de John, quitte le noyau familial pour se rendre dans le Nord ; Elizabeth, la mère du héros, perd sa propre mère et est séparée de son père ; Gabriel enfin, malgré sa conversion et une certaine repentance, apparaît comme totalement étranger à sa propre famille. Ce schéma est peu à peu reproduit dans les autres œuvres, comme si la cellule familiale chez Baldwin était constamment sous le coup d'une malédiction. Les deux derniers romans pourtant offrent une scission de l'*imago* familiale en deux entités opposées : les familles Rivers et Montana d'une part, et les familles Hunt et Miller de l'autre, symbolisent une division manichéenne de la famille afro-américaine, les premières incarnant un idéal de solidarité et d'union, les secondes une religiosité aliénante aboutissant à une désintégration du corps familial. De fait, Fonny Hunt est rejeté par sa mère et ses sœurs ; Julia Miller est le jouet des ambitions de son père, s'annihile l'affection de sa mère et s'abîme dans une relation incestueuse avec son géniteur.

Être étranger dans sa propre famille équivaut à sortir de la lignée, thème récurrent et éminemment signifiant dans l'œuvre de Baldwin. En effet, l'œuvre entière est parcourue par l'obsession de la paternité et de la filiation légitimes, issue d'une certaine phobie de la bâtardise. Les mythes bibliques du fils de Cham et de celui d'Ismaël insistent dans le texte sur la faute ancestrale qui justifierait l'aliénation de l'homme noir dans le monde. Le bâtard étant celui qui n'est pas à l'image du père, c'est un symbole d'autant plus adapté à la situation des Afro-Américains en Amérique. Cette bâtardise, réelle ou symbolique, met l'accent sur cette angoisse obsessionnelle d'errer sans nom hors de toute communauté. Et c'est exactement ce qui se produit pour la plupart des héros de la fiction de Baldwin qui, après avoir été coupés de leur famille, s'écartent aussi de leur communauté. Ces personnages, en s'aliénant cette famille symbolique, s'abîment dans un entre-deux : John Grimes se jette sur l'aire de battage attendant sa conversion, Rufus se lance dans le vide du haut du pont George Washington, le père de la nation, Leo Proudhammer flotte dans un état entre la vie et la mort, entre passé et présent. Bien que cette situation de crise du héros baldwinien au seuil de la communauté ne disparaisse jamais totalement, les deux derniers romans offrent une tentative de franchissement de ce seuil et de retour au sein, non seulement de la famille, mais aussi de la communauté noire. Nous assistons en effet dans *Beale Street* et *Just* à la représentation de la famille afro-américaine idéale. La description de la famille Rivers, réunie juste avant l'annonce de la grossesse de Tish, évoque cette impression d'unité, de corps, dont les différents membres ne font qu'un :

> J'écoutais la musique et les bruits de la rue ; Papa avait posé sa main sur ma tête. Tout s'accordait – les bruits de la rue, la voix de Ray et son piano, le contact de la main de mon père, la silhouette de ma sœur sur le divan et les bruits et la lumière qui filtraient de la cuisine. Comme si nous formions un tableau, immobilisé dans le temps : de tout temps, il y avait eu des gens assis dans une pièce à attendre leur dîner en écoutant le blues (*BS*, 58).

Ce passage est d'autant plus symbolique qu'il lie la famille idéale à la communauté et à son histoire par le truchement du blues. Une autre famille-communauté idéale est toutefois créée au fil des œuvres de Baldwin par le réemploi systématique de l'onomastique, tissant un réseau de relations symboliques. Ainsi, le Giovanni du deuxième roman fait écho au John du premier ; Richard, le père biologique de John Grimes revient sous la forme de Richard Silenski dans *Country* ; Florence, la tante de John Grimes devient Florence Montana, la mère d'Arthur dans *Just* ; de manière plus subtile, le prénom Leo a son féminin, Leona, dans *Country,* etc. En outre, à la lecture des biographies de l'auteur, on est frappé par l'emploi systématique qu'il fait dans sa fiction des prénoms de membres de sa propre famille. Enfin, dans le dernier roman, Arthur Montana s'éprend de Jimmy Miller et ceux-ci forment un couple qui, onomastiquement, reprend l'identité même de l'auteur : Jimmy (diminutif de James) Arthur Baldwin. La quête de la famille idéale, de la communauté idéale, symbolise donc une quête de l'unité perdue, celle d'une communion retrouvée. Non seulement les différentes œuvres de fiction de Baldwin sont-elles reliées à l'œuvre non fictionnelle par leur fonction parabolique mais elles composent aussi entre elles un tout, une histoire enfin douloureusement reconstruite.

Chapitre 4

Le fauteur de troubles

Pendant un peu plus d'une décennie – de 1960 à 1973 – James Baldwin s'impliqua dans la lutte de ses frères de couleur et exerça une influence non négligeable sur l'*establishment* blanc et la communauté noire. En 1954, un an après la parution de *Mountain*, la Cour Suprême fédérale avait déclaré anticonstitutionnelle la ségrégation raciale dans le milieu scolaire. Pourtant, il fallut des années de lutte pour que les Noirs obtinssent finalement en 1964 les mêmes droits civiques que les Blancs et un an plus tard le droit de vote. Cette période marqua aussi l'apogée de la notoriété de Baldwin, qui, après le succès de *Fire*, profita de toutes les tribunes s'offrant à lui pour lancer l'anathème sur le peuple américain, qui refusait de voir l'évidence. Ainsi, Baldwin aborda l'écriture cinématographique et théâtrale, accorda un nombre incalculable d'entretiens et participa à des débats télévisés ou radiodiffusés ainsi qu'à des tables rondes. Tout en continuant à produire essais et fiction, Baldwin eut tendance à radicaliser son discours, devenant presque le Christopher qu'il dépeignit dans *Train* en 1968.

La prochaine fois le feu

Bien que la participation active de Baldwin au mouvement pour les droits civiques date du début des années 60, son véritable engagement dans la lutte pour la cause noire remonte à 1956, date à laquelle il prit la décision de quitter la France et de rentrer aux États-Unis. En automne de cette année-là, les photographies d'une adolescente noire conspuée par une foule blanche alors qu'elle faisait valoir son droit d'étudier dans un des lycées d'une ville du sud des États-Unis firent la une des journaux français et couvrirent bientôt tous les kiosques de la capitale. À la vue de cette image, mû par des sentiments mêlant colère, haine, honte et pitié, Baldwin décida qu'étant donné que « tous les autres payaient leur part, il était temps pour [lui] de rentrer payer la [s]ienne » (*CDL*, 68). Il rentra effectivement au pays en juillet 1957 et, plusieurs commandes d'articles en main, se rendit pour la première fois dans le Sud. Après un voyage qui le conduisit dans la plupart des villes théâtres d'affrontements plus ou moins sanglants, telles que Birmingham, Atlanta ou Montgomery, où il put rencontrer quelques grandes figures des mouvements noirs (Medgar Evers, Martin Luther King...), Baldwin s'impliqua dans la lutte menée par le Core (Congrès pour l'égalité raciale), la NAACP (Association nationale pour l'avancement des gens de couleur), la SCLC (Conférence des Églises chrétiennes du Sud) et le SNCC (Comité de coordination des étudiants pour la non-violence). Dès lors, il commença à parcourir les

États-Unis pour participer aux diverses actions menées par ces mouvements : marches de protestation, *sit-in*, conférences dans les universités, boycotts… et mit sa notoriété et ses capacités d'écrivain et orateur au service de la cause. Baldwin devint rapidement l'interlocuteur privilégié de toute une frange de l'Amérique blanche, soucieuse d'en savoir plus sur ces mouvements qui enflammaient le sud du pays. Malgré qu'il en ait, Baldwin fut, du jour au lendemain, investi du rôle de porte-parole de la communauté noire.

Le point d'orgue de l'engagement actif de Baldwin eut lieu en mai 1963 lorsqu'il obtint une entrevue avec Robert Kennedy, frère du président et ministre fédéral de la justice, suite à un télégramme dans lequel il accusait le gouvernement d'être responsable de la situation dramatique à Birmingham et le sommait d'agir pour trouver une solution aux problèmes du Sud. Baldwin, accompagné d'autres militants noirs et de quelques célébrités – ces « grandes figures noires que les autres Noirs écouteraient », selon les termes du ministre – exigea de Robert Kennedy qu'il convainquît son frère d'accomplir un acte symbolique fort en faveur de la communauté noire. Le groupe suggéra que le président des États-Unis en personne se rendît dans le Sud et escortât lui-même un enfant noir pour l'inscrire dans une des écoles qui, selon la décision de la Cour Suprême de 1954, devaient accepter les enfants de couleur. Ainsi, quiconque serait tenté de cracher sur cet enfant, cracherait en réalité sur toute la nation (DL, 222-223). Robert Kennedy rejeta l'idée et Baldwin réitéra la prophétie qu'il avait lancée dans *Fire* : la prochaine fois le feu ; la violence ferait suite à la non-violence. C'est à la suite de cette rencontre infructueuse que Baldwin, dans un entretien accordé au magazine *Mademoiselle*, gagna le titre de *Disturber of the Peace* (fauteur de troubles).

Trois mois plus tard, en août 1963, Baldwin participa à la célèbre marche sur Washington organisée par le mouvement de Martin Luther King, qui réunit des centaines de milliers de personnes ainsi que des célébrités telles que Marlon Brando, Harry Belafonte ou Sydney Poitier. Quelques semaines plus tôt, Baldwin avait profité d'un voyage à Paris pour recueillir le soutien d'« expatriés », allant jusqu'à prononcer un discours à l'église américaine de Paris et organiser une marche sur l'ambassade. Bien que les mouvements noirs organisateurs de la marche ne lui eussent confié aucun rôle actif dans la manifestation, pour des raisons obscures que certains relient à l'homosexualité trop assumée de l'écrivain, Baldwin ressentit ce jour-là la même exaltation qui parcourut son peuple à l'écoute du discours de King, « Je fais un rêve ». « Ce jour-là, écrit-il dans *No Name,* pendant un instant, il nous sembla être sur une hauteur et contempler notre héritage [...]. Ces gens étaient venus dans leur capitale, s'étaient fait connaître puis étaient partis : personne ne pouvait plus mettre en doute la réalité de leurs souffrances » (*CDL,* 174-175). Pourtant, ajoute-t-il à la fin de ce long témoignage, « quelques semaines plus tard [...] une école du dimanche à Birmingham fut plastiquée et [...] quatre petites filles noires furent envoyées tout droit au paradis. Ce fut la première réponse à notre pétition » (*CDL*, 175). Après cette marche, qui connut un retentissement international, Baldwin s'impliqua derechef dans le mouvement des droits civiques et se rendit entre autres à Selma dans l'Alabama, pour soutenir avec son frère les Noirs qui manifestaient pour obtenir leur inscription sur les listes électorales. Toutefois, l'échec apparent de la rencontre avec Kennedy et celui de la marche sur Washington amenèrent Baldwin à remettre en question son soutien à la stratégie non violente du mouvement de King. Lors d'un entretien avec Kenneth Clark, en mai 1963, Baldwin déclara : « On ne peut survivre à tant de coups, tant d'humiliation, tant de désespoir, tant de fausses promesses, que si, au bout du compte, on obtient quelque chose. L'être humain n'est pas non-violent par nature » (*CJB*, 43).

Dès 1961, en fait, Baldwin avait commencé d'exprimer des doutes sur l'efficacité de la stratégie prônée par le mouvement des droits civiques. Il l'exprima clairement dans un entretien accordé à Studs Terkel :

> Je dois avouer que je ressens en moi une grande ambivalence. Par exemple, je suis totalement dévoué à King et j'ai travaillé avec le Core [...]. Pourtant, en même temps, lorsque je parle avec différentes personnes, un peu plus âgées, et avec des étudiants qui ont participé aux *sit-in* et qui disent : « Non, vraiment je n'en peux plus... », j'ai des doutes. [...] La question qui m'obsède vraiment aujourd'hui n'est pas celle de savoir si j'aime ou non la violence ou si vous, vous êtes pour ou contre – si la situation ne s'améliore pas, et très, très vite, il y aura violence (*CJB*, 12-13).

Ce scepticisme alla grandissant, accompagné d'une amertume qui progressivement engendra une radicalisation du discours de Baldwin.

Au début des années 60, le mouvement des droits civiques était contrebalancé par un autre mouvement gagnant de plus en plus d'audience au sein de la communauté noire : les Black Muslims. L'évolution de l'attitude de Baldwin vis-à-vis de ce mouvement et de la doctrine de son chef, Elijah Muhammad, refléta le courant de désaffection pour la non-violence au profit d'un racisme inversé et du séparatisme qui parcourut la communauté afro-américaine. Bien que Baldwin ne tombât jamais dans l'excès de l'apologie de la violence et du racisme, ses déclarations concernant les Black Muslims passèrent de la simple observation sceptique à la peur et à la méfiance pour se conclure par un profond respect mêlé d'attentes. Baldwin qui, dans *Fire*, dénigrait la doctrine séparatiste de Muhammad et en 1969 considérait les Black Muslims comme irresponsables et dangereux, déclara en 1972 que la Nation de l'Islam était sûrement la seule et dernière force sociale au sein de la communauté noire et en 1981, dans un entretien avec le *Black Scholar* alla jusqu'à la conclusion suivante : « Vous savez en quoi consistait le mouvement des Black Muslims. La seule raison pour laquelle on parlait à Martin, c'était parce qu'on avait peur de parler à Malcolm » (*CJB*, 218).

Il est vrai que plusieurs événements tragiques peuvent expliquer cette quasi-volte-face de l'écrivain. Les années 60 virent l'assassinat de quatre grandes figures de la scène politique américaine. Ce fut tout d'abord le président des États-Unis le 22 novembre 1963, puis Malcolm X en février 1965, et enfin Martin Luther King et Robert Kennedy en avril et juin 1968. En un sens, Baldwin avait raison, le feu avait frappé.

Bien que le successeur de John Kennedy, Lyndon B. Johnson, accordât par deux lois fédérales les droits civiques et le droit de vote aux Noirs, la lutte continua et la mort de Malcolm X contribua à radicaliser les prises de position de Baldwin. À partir de 1966, frustré par le mouvement de Martin Luther King, il commença à soutenir l'idée du Black Power lancée par Stokely Carmichael et dès 1967, il noua de premiers contacts avec les mouvements noirs plus radicaux tels que les Panthères Noires. Le soutien apporté par Baldwin ne fut jamais inconditionnel ni dénué de critiques, mais la mort de Malcolm X lui fit sans aucun doute prendre conscience de l'impasse dans laquelle se trouvaient Martin Luther King et son mouvement. Ainsi, lorsqu'en janvier 1968, Carmichael se vit confisquer son passeport par les autorités pour ses activités soi-disant pro-cubaines et anti-Vietnam, Baldwin rédigea un article intitulé « In Defence of Stokely Carmichael » qui fut refusé par les grands quotidiens américains mais publié par le *Guardian* britannique. Son soutien pour le Black Power et le Black Panther Party for Self-Defence devint plus clair et plus tranché : l'avènement de ces deux mouvements n'était que la conséquence logique de l'apathie et de la lâcheté du gouvernement américain. « L'avènement des Panthères Noires était aussi inévitable, écrivit Baldwin, que ce qui arriva ce jour-là à Montgomery, en Alabama, quand Mme Rosa Parks refusa de se lever dans un autobus pour céder sa place à un homme blanc » (*CDL*, 205). L'assassinat de King, le 4 avril 1968, alors que Baldwin travaillait à la rédaction du scénario sur la vie de Malcolm X, sonna le glas de son engagement politique. Il prit peu à peu ses distances avec les différents mouvements et s'éloigna de plus en plus de son pays natal. À partir du début des années 70, Baldwin saisit toutes les occasions pour fuir les États-Unis et parcourir le monde. Après quelques années, bien qu'il ne l'avouât jamais ouvertement, craignant pour sa vie, il décida de quitter définitivement les États-Unis et s'installa à Saint-Paul-de-Vence dans le sud de la France.

Une pièce pour l'homme blanc

Durant la période de son implication dans la lutte, Baldwin expérimenta d'autres voies pour transmettre son message. Le théâtre, abordé avec sa première pièce *The Amen Corner,* qui ne fut représentée par une troupe professionnelle qu'en 1965, était à même de lui offrir une tribune incomparable ; aussi la deuxième pièce de Baldwin, *Blues for Mister Charlie* (1964), doit-elle être considérée comme un acte politique avant tout.

Blues est inspiré d'un fait divers survenu dans l'État du Mississippi en 1955, où un jeune Noir fut assassiné par un Blanc, acquitté à la fin du procès. L'idée de l'adaptation théâtrale fut suggérée à Baldwin par Elia Kazan, que l'écrivain fréquentait à la fin des années 50 au sein de l'Actors Studio. Pourtant,

Baldwin ne put se décider à écrire cette pièce que lorsqu'un autre événement tragique se produisit. Medgar Evers, grande figure de la lutte pour les droits civiques, fut à son tour assassiné dans le sud des États-Unis en 1963.

> Lorsque j'ai appris sa mort, écrit Baldwin dans l'introduction à la pièce, quelque chose d'indescriptible m'a envahi ; c'est à ce moment précis que j'ai décidé que rien au monde ne m'empêcherait de mener à bien cette pièce. Nous sommes en proie ici-bas à d'effroyables ténèbres ; cette œuvre est celle d'un homme qui tente de témoigner de la vérité et du pouvoir de la lumière (*B*, xv).

Blues for Mister Charlie est indubitablement, avec *Fire*, l'œuvre la plus engagée dans la dénonciation du problème noir. Elle le met au jour en confrontant les spectateurs avec la réalité crue du racisme. La pièce s'ouvre sur le retentissement de coups de feu dans les ténèbres, puis la lumière révèle Lyle, un Blanc, transportant le corps d'un Noir au fond de la scène. Les premiers mots de l'œuvre sont terrifiants : « Puissent tous les nègres, tel ce nègre, finir comme ce nègre : le visage dans l'herbe ! » (*B*, 2). Le ton est donné, Baldwin criera à la face du public ce qui a été tu, révélera ce qui est resté trop longtemps dans l'ombre : le cadavre qui gît sans visage, invisible, dans l'inconscient américain. Dans la plus pure tradition de la fiction et des essais de l'auteur, la pièce oscille entre présent et passé, les *flash-back* permettant de révéler les chapitres oubliés, effacés, refoulés de l'histoire. Toute la lumière sera faite – au sens propre – à l'issue de la pièce, non pas dans la salle du tribunal mais à l'extérieur, lorsque la scène du meurtre sera rejouée au vu et au su du public.

Avec *Blues*, Baldwin représente pour la première fois sur scène le substrat sexuel du racisme, la peur quasi paranoïaque de voir la femme blanche violée par l'homme noir. Il y révèle dans le discours des personnages blancs cette obsession de l'hyperactivité sexuelle des Noirs. Ainsi, Lyle dit à Parnell, son ami, journaliste progressiste, qui sera pourtant à l'origine de son arrestation : « J'veux pas qu'un gros nègre se couche près d'ma Joséphine » (*B*, 14). Les autres Blancs réunis dans la cuisine de Lyle affirment eux aussi : « Les nègres peuvent pas apprendre comme les Blancs, ils ont pas les mêmes *intérêts*. Y a qu'une chose qui les intéresse : c'est juste en dessous du nombril » (*B*, 49). L'un d'entre eux va même jusqu'à verbaliser le fantasme : « Si vous étiez violée par un orang-outang sorti tout droit de la jungle ou par un étalon, ça pourrait pas être pire que par un nègre » (*B*, 50). Et c'est bien le défi sexuel lancé par Richard, le jeune Noir, qui déclenchera la tragédie : « La race des maîtres ! Si tu m'laisses me mettre sous les draps d'cette Blanche, elle verra qui est le maître ! » (*B*, 75). La scène du meurtre, rejouée à la fin de la pièce, insiste donc sur le caractère sexuel de l'affrontement entre l'homme blanc et l'homme noir, ponctué par les coups de feu :

> Ah ! J'les connais vos femmes, tu m'crois pas ? Même mieux qu'toi ! (*Lyle tire une première fois.*) Pourquoi t'as mis tout ce temps pour essayer de me tuer ? Pourquoi vous voulez toujours me castrer ? Ça vous inquiète tant qu'ça ? Pourquoi ? (*Lyle tire une deuxième*

> *fois.*) Ok. Ok. Ok. Garde-la bien à la maison ta femme, t'entends ? La laisse pas s'approcher d'un nègre. Il s'pourrait bien qu'elle aime ça ! Il s'pourrait bien que t'aimes ça aussi. (*Richard s'écroule.*) (*B*, 120.)

S'agissant en outre d'une pièce engagée, Baldwin eut recours à un décor symbolique expressionniste d'un manichéisme éculé mais efficace : le plateau est divisé en ville blanche et ville noire et le tribunal se superpose à l'église. Pourtant, comme c'est toujours le cas chez Baldwin, rien n'est aussi tranché et le dramaturge laisse sourdre une once de compassion pour le meurtrier : « Il fallait bien que j'le tue. J'suis un Blanc ! » (*B*, 120). Lyle est donc autant victime que bourreau, victime lui aussi d'une société fondée sur le mythe de la supériorité raciale.

Dans les notes introductives à la pièce, Baldwin mentionna d'ailleurs ses propres résistances concernant le projet proposé par Kazan :

> Je redoutais terriblement de m'engager dans l'écriture d'une pièce de théâtre [...] mais je commençais à me rendre compte que ma crainte de ce genre littéraire masquait une peur bien plus profonde. Je craignais de n'être pas capable de dresser un portrait crédible du meurtrier. Dans la vie réelle, bien entendu, ces personnes me déroutent et me terrifient, une partie de moi-même au moins les abhorre et voudrait les tuer. Pourtant, une autre partie de mon être est consciente qu'aucun homme n'est totalement mauvais à ses propres yeux. Quelque chose chez cet homme sait – ne peut pas ne pas savoir – que ce qu'il est en train de faire est mal ; mais pour accepter ce savoir il faudrait que cet homme change. [...] S'il est vrai, et je le crois, que tous les hommes sont des frères, alors nous avons le devoir d'essayer de comprendre ce malheureux (*B*, xiv).

Le but de Baldwin dans cette pièce était clair : représenter ces actes atroces de racisme trop ordinaire dans les années 50 et 60 dans le sud des États-Unis, en faire ressortir la face cachée, en verbaliser les propos, et révéler que le raciste est l'enfant de l'Amérique car « c'est nous qui l'avons enfermé dans la prison de sa race [...]. C'est nous qui avons rendu obligatoire – honorable même – que le père blanc renie le fils noir » (*B*, xv). La pièce fut jouée à Broadway, au cœur même de l'Amérique blanche, d'avril à août 1964 et la réception fut mitigée, certains critiques blancs désapprouvant son contenu sexuel et l'arrogance du jeune Noir. Certains considérèrent même que Baldwin avait trahi les Blancs qui participaient à la lutte pour la cause noire. Toutefois, Baldwin avait réussi à représenter sur scène la crise morale de l'homme blanc et à mélanger dans la salle – en maintenant les prix au plus bas – spectateurs noirs et blancs.

Un scénario pour frère Malcolm

One Day When I Was Lost représente la deuxième tentative de Baldwin hors du champ traditionnel de la littérature, issue toutefois de ce même désir : avoir recours à tous les médias pour atteindre la plus grande audience et diffuser son message. Le 21 février 1965, Malcolm Little, dit Malcolm X, fut assassiné. L'annonce de cette tragédie plongea Baldwin dans un profond désarroi mais lorsque deux ans plus tard, Elia Kazan lui suggéra d'adapter pour le théâtre le livre écrit par Alex Haley sur la vie de Malcolm X, il accepta immédiatement. Ce projet théâtral fut contrecarré en 1968 par l'achat des droits du livre par le producteur cinématographique Marvin Worth qui, toutefois, proposa à Baldwin d'être le scénariste du futur film.

Même s'il pensait que ce projet lui donnerait l'occasion de rendre hommage à la ténacité et au courage de son peuple en la personne de Malcolm, Baldwin doutait de la capacité de l'industrie hollywoodienne à dépeindre avec justesse et vérité l'épopée d'un des martyrs de la cause. De surcroît, l'arrivée de Baldwin à Hollywood provoqua des remous : installé au Beverly Hills Hotel, il fut vite assailli de visites par les membres des Black Muslims et des Panthères Noires. Il en profita pour s'afficher publiquement aux côtés de Stokely Carmichael. En fait, la période hollywoodienne de Baldwin coïncida avec son rapprochement des Panthères Noires et sa prise de distance avec les mouvements plus pacifiques et modérés, tels que celui du pasteur King.

Baldwin s'identifia rapidement au personnage principal du film et déclara même : « Cette histoire est ma confession et c'est aussi celle de Medgar et de Martin »[1]. En effet, Baldwin avait toujours insisté sur les similitudes entre son propre parcours et celui de Malcolm : ils pouvaient se comprendre parfaitement car ils avaient vécu les mêmes expériences et étaient issus du même monde. Cette intimité se

1. Lettre de James Baldwin à « Mr Leonard », 24 avril 1968 ; citée par D. Leeming (DL 299).

retrouve dans le traitement narratif de l'histoire de Malcolm, qu'il aborda tout comme il l'aurait fait de sa propre histoire. *One Day* s'inscrit en réalité dans la période où Baldwin commença sa volte-face à l'égard des Black Muslims et érigea Malcolm en véritable figure christique. Le scénario prit progressivement un ton hagiographique et parfois même politique. La collaboration avec la firme cinématographique Columbia devint problématique et bon nombre de conflits surgirent au fur et à mesure de la rédaction du scénario. Suite à l'injonction par la Columbia de ne pas insister sur les implications politiques du voyage de Malcolm à La Mecque, les relations entre Baldwin et celle-ci devinrent impossibles. Baldwin, qui se sentait « le gardien d'une légende », déclara qu'il raconterait la véritable histoire et qu'il la raconterait à sa manière ou… pas du tout[2].

Après seize mois passés à Hollywood, prenant conscience de l'impasse dans laquelle il se trouvait, Baldwin abandonna finalement le projet, laissant un manuscrit d'environ deux cents pages. Le film ne vit jamais le jour, toutefois la Warner, ayant racheté les droits, tira un documentaire du scénario de Baldwin qui passa quasiment inaperçu, mais servit ultérieurement de base à Spike Lee pour son film *Malcolm X*. Baldwin quant à lui ne renonça pas totalement à l'entreprise et remania le scénario, le termina à Saint-Paul-de-Vence et le publia en 1972 sous le titre *One Day When I Was Lost*. L'expérience malheureuse

2. Entretien dans *Cinema*, 4, été 1968, 3.

de Baldwin à Hollywood n'eut pas que des conséquences négatives ; elle lui fournit le thème de réflexion central de son essai *The Devil Finds Work* (1976) qui traite du rôle de l'industrie cinématographique hollywoodienne dans la construction et la perpétuation des mythes gangrenant la société et la civilisation américaines.

Malheureusement, le soutien et l'engagement politique de Baldwin ne furent jamais parfaitement acceptés par les ténors des différents mouvements noirs. Martin Luther King par exemple et Eldridge Cleaver, un des chefs du parti des Panthères Noires, n'appréciaient guère son homosexualité affichée et auraient préféré qu'il se cantonnât à son domaine, la littérature et les essais. Étrangement, au sein de sa propre communauté, Baldwin fut toujours victime d'un certain ostracisme alors qu'il était bien accueilli par le monde des Blancs intellectuels et progressistes. Preuve en est le surnom de Martin Luther « Queen »[3] dont certains l'affublaient. Ainsi, à partir de 1970, Baldwin se désengagea progressivement de la lutte et se tourna vers des préoccupations de plus en plus existentialistes au cœur desquelles s'insinuaient la difficulté d'être et le problème de l'identité. Il était devenu difficile pour Baldwin d'être James Baldwin. Pourtant, son engagement fut bien réel et son legs est chaque jour plus présent. Les mots qu'il mit en voix off dans la bouche de

3. Le terme *Queen* est utilisé en anglais pour désigner les homosexuels efféminés.

Malcolm à la fin du scénario témoignent de la tâche qui lui était assignée et qu'il tenta, tant bien que mal, d'accomplir :

> Et si je meurs en ayant apporté fût-ce la plus petite lumière, en ayant aidé à révéler le cancer raciste qui ronge le corps de l'Amérique [...] tout le mérite en revient à [Dieu]. Seules les erreurs auront été miennes (*LJ*, 315).

CHAPITRE 5

Nul n'est prophète en son pays

Installé définitivement en Europe mais sillonnant le monde entier pour assurer des cours et participer à des symposiums, conférences, célébrations et entretiens, James Baldwin, qui dès 1961 se définissait comme un « voyageur transatlantique impénitent » (*CJB*, 15), entama la dernière partie de sa carrière dans un exil auto-imposé qui n'est pas sans rappeler ceux de Richard Wright ou Chester Himes. Bien que toute sa vie il se considérât comme un écrivain américain et que l'Amérique fût son seul sujet d'écriture, Baldwin ne pouvait plus vivre dans ce pays aveugle et sourd où, tel un prophète, il prêchait dans le désert. Toutefois, comme il le précisa à Nikki Giovanni, jeune poétesse noire, « Il n'y a pas moyen de quitter l'Amérique, jamais » (*D*, 14) ; l'Amérique était en lui, ce qu'il pouvait et voulait fuir était l'impossibilité d'écrire, de faire son travail, d'accomplir sa mission. Donnant ainsi raison au proverbe « Nul n'est prophète en son pays », Baldwin continua d'assumer la responsabilité que le destin lui avait imposée : tenter de dire la vérité telle qu'elle apparaissait à ses yeux et transmettre le message à son prochain, car « on ne choisit pas d'être écrivain, on le découvre un jour et on n'a plus le choix. On vit cette vie-là ou bien on n'en vit aucune » (*CJB*, 14).

Après la publication en 1979 de son dernier roman, *Just Above My Head*, Baldwin, fatigué, déprimé et malade, travailla de plus en plus difficilement ; il réussit pourtant à mener à terme quelques projets parmi tous ceux qui étaient en gestation. L'un d'eux, qui lui tenait tout particulièrement à cœur, vit le jour en 1983 grâce à l'éditeur londonien Michael Joseph qui accepta de publier une sélection de poèmes intitulée *Jimmy's Blues*.

Le blues du poète en exil

James Baldwin avait composé des poèmes dès sa plus tendre enfance. Il les dédiait aux membres de sa famille, à ses amis ou les écrivait pour célébrer des événements particuliers. Quoiqu'il déclarât au début de sa carrière que la poésie n'était pas son fort (*CPN*, 11), le recueil publié en 1983 contredit cette affirmation et révèle l'indéniable talent poétique de l'artiste. Miller, dans la seule étude existante sur la poésie de Baldwin, considère ce recueil comme « une œuvre fondamentale qui contient l'essence de sa vision, et qui pourrait (et devrait, peut-être) servir d'introduction à Baldwin »[1].

1. D. Quentin Miller, « James Baldwin, Poet », in *Re-Viewing James Baldwin : Things Not Seen*, 234.

Baldwin fut un poète, au sens où il l'entendait lui-même, dès ses premiers écrits :

> Quand je dis poète, c'est un terme arbitraire. C'est un terme que j'utilise car je n'aime pas le mot artiste. Nina Simone est un poète. Max Roach est un poète. Il y en a toute une liste. Je ne parle pas de littérature. J'entends par là recréer l'expérience […], comment celle-ci fait retour (*CJB*, 155).

Selon Baldwin, le rôle du poète est d'instruire, de mettre au jour ce qui, pourtant sous nos yeux, était resté invisible : « […] ce pays n'a jamais été vraiment décrit, jamais découvert. Ce n'est pas aux hommes politiques de faire cela, c'est à ceux qui y sont vraiment attachés, qui d'une manière ou d'une autre sont toujours les poètes » (*CJB*, 27). Tout comme le prophète, le poète est un témoin, doué du pouvoir de regarder la vérité en face, et son devoir est d'en transmettre le message. Cette expérience de la vérité c'est aussi celle que raconte le blues : « Je sais, j'ai observé, j'étais là… J'ai tout vu, j'en ai tant vu »[2]. Ainsi, les dix-neuf poèmes réunis dans ce recueil représentent le blues de Jimmy et sont l'essence même de son témoignage.

Dans une lettre à son frère David, Baldwin écrit que la poésie est le moyen qu'il a trouvé pour tenter des expériences sur le langage, sur le « parler noir », le véhicule qui peut montrer autant qu'il dit[3]. En effet,

2. « The Uses of the Blues », in *The Twelfth Anniversary Playboy Reader*, Hugh M. Hefner éd., Chicago, Playboy Press, 1965, 152.

3. Lettre de James à David datée du 5 octobre 1982, citée par D. Leeming (DL 360).

si le rôle du poète-prophète est de dire, de transmettre une parole de vérité, le but final est de libérer de la cécité. Le motif récurrent dans ce recueil de poèmes est bien celui de l'aveuglement (« souhaite-t-on la cécité ?/Pour souhaiter ne plus voir/les yeux aveugles ont dû en voir » – *JB*, 15) et de l'invisibilité. Celui qui est aveugle est sourd à la souffrance de l'autre et ne peut prononcer la parole d'amour qui seule délivrera des ténèbres.

Baldwin enseigne donc à voir ce qui se cache derrière les mots et les choses pour pouvoir entendre de nouveau. « Quand on est écrivain, déclara-t-il à Nikki Giovanni, on est forcé de regarder derrière le mot, à l'intérieur même de la signification du mot » (*D*, 89). Ainsi, dans « Staggerlee Wonders », le premier long poème du recueil, il désigne ce qui est tapi derrière les mythes de la nation américaine – « La Destinée manifeste est un hymne à la folie » (*JB*, 13) – et confronte les Blancs à leurs propres crimes, annonçant « qu'un prix reste à payer/votre innocence coûte trop cher » (*JB*, 22). Cette voix prophétique, caractéristique de l'œuvre, est omniprésente dans la poésie et, comme un lointain écho de *Fire*, réitère l'avertissement : « Plus d'eau, la prochaine fois le feu ».

Pourtant, la poésie de Baldwin, comme toute son œuvre d'ailleurs, est une poésie d'amour : « Je crois en l'amour. [...] Je crois que nous pouvons nous sauver les uns les autres » (*CJB*, 48). Plusieurs poèmes du recueil sont des déclarations d'amour faites à sa mère, à son frère, à des amis chers – Simone Signoret, par exemple, ou Lena Horne, après l'avoir entendue chanter à Monte-Carlo. L'amour, la seule religion à laquelle Baldwin resta fidèle, est la seule voie possible vers le salut. Celui qui refuse l'amour nie la liberté :

> Les sociétés ne le savent pas, mais la guerre que mène un artiste contre la société est une querelle d'amoureux, et il fait, de son mieux, ce que font les amoureux : révéler au bien-aimé sa propre identité, et ainsi, faire de la liberté une réalité (*P*, 318).

C'est ce refus de voir et d'aimer l'autre, en l'occurrence l'autre race, qui est à l'origine de la division de la nation et du problème américain :

> J'ai enduré le feu
> et votre fouet
> la corde
> et la panique lue sur vos hanches,
> de tant de manières
> faux amant
> pourtant, mon amour :
> tu ne sais pas
> combien j'ai espéré
> que tu finisses
> non pas tellement par m'aimer
> mais par savoir
> que ce que tu me fais subir
> tu le fais subir à toi-même[4].

La poésie de James Baldwin est, pour reprendre les termes d'Hubert Nyssen, qui traduisit avec Philippa Wehle les poèmes de ce recueil, « de celles qu'il faut psalmodier. C'est à cette condition que les images, fortes et souvent provocantes, trouvent dans les

4. *Jimmy's Blues*, page 65 de l'édition anglaise, ma traduction. Poème absent de l'édition bilingue (Éditions Actes Sud).

rythmes leur véritable résonance »[5]. C'est bien le *beat* qui régit la scansion des poèmes, ce rythme qui, tout en rappelant la pulsation naturelle de la vie, évoque aussi l'inéluctable de la souffrance et de la mort. La poésie de Baldwin – un deuxième recueil, posthume, *Gypsies and Other Poems*, malheureusement publié à seulement trois cents exemplaires, complète celui-ci – est une poésie de l'évidence des choses que nous ne voyons pas et que le poète-prophète est chargé de nous révéler.

L'évidence des choses qu'on ne voit pas

Le titre du tout dernier essai publié du vivant de l'auteur, *The Evidence of Things Not Seen*, est extrait de l'Épître de saint Paul aux Hébreux : « La foi est la substance des choses qu'on espère, la preuve des choses qu'on ne voit pas »[6]. Le choix de ce titre s'inscrit parfaitement dans le thème de la cécité abordé dans les deux recueils de poèmes. Traduit en français sous le titre plus prosaïque de *Meurtres à Atlanta*, le dernier ouvrage écrit et publié par Baldwin enquête sur les disparitions et meurtres de vingt-huit enfants noirs à Atlanta entre 1979 et 1981. Mais plus qu'une enquête, *Evidence* est un travail de mémoire qui a pour but de confronter le peuple américain à ses propres démons, ces choses qu'il ne voit pas, qu'il refuse de voir :

---

5. *Jimmy's Blues*, Éditions Actes Sud, quatrième de couverture.

6. Chap. 11, v. 1, traduction revue par mes soins afin de préserver la fidélité à la version anglaise de la Bible du roi Jacques.

> Nous sommes soumis à ce que notre mémoire refuse. [...] Personne ne souhaite être plongé dans le torrent de ce que sa mémoire refuse de reconnaître. Et les meurtres d'Atlanta nous y plongent. Comme ils nous rappellent que nous sommes tous, en ce siècle, des candidats au massacre des innocents. [...] Quant à moi, ils me rappellent que j'ai été un enfant noir dans un pays qui s'imagine être blanc (*MA*, 12-13).

Tout en examinant les circonstances des meurtres et la personnalité du meurtrier présumé, Baldwin se lance dans une énième diatribe contre l'Amérique : « Ce pays dans son ensemble, d'Atlanta à Boston, n'est pas seulement un bouillon incandescent de haine raciale [...]. Il est surtout une immense loterie paranoïaque, une roue de la fortune aux cases blanches et noires » (*MA*, 23). Ce qui est en procès ici n'est pas Wayne Williams, le prévenu, mais l'attitude de l'Amérique envers la communauté noire : « [...] la situation des Noirs dans ce pays constitue à elle seule un acte d'accusation à l'encontre de l'histoire juridique et éthique de l'Amérique » (*MA*, 30). Baldwin remet en question les soi-disant progrès accomplis par la communauté noire, dont les Blancs se gargarisent. Le « nouveau » Sud n'a de nouveau que le nom et Baldwin dénonce une fois de plus ce déni de réalité, ce refus de regarder la vérité : « La vérité de l'expérience blanche en Amérique du Nord est à déchiffrer dans les hiéroglyphes gravés au fer rouge sur le dos de l'homme noir [...]. Et cette vérité amère ne peut être dépassée que si elle est affrontée et comprise » (*MA*, 74). Le constat que dresse Baldwin est celui d'un pays étouffé par le racisme qui en vient à produire des hommes capables d'actes atroces : « Celui qui définit les gens en fonction de leur couleur devient délibérément aveugle. Il n'y a pas un seul raciste dans ce monde qui ne soit un menteur et un lâche. Car être raciste c'est s'imaginer qu'on peut soumettre la réalité à son angoisse » (*MA*, 138-39). La conclusion ultime est donc évidente pour Baldwin : « Nos compatriotes ne nous ont jamais aimés » (*MA*, 113) et c'est là l'énorme prix à payer chaque jour par les Noirs en Amérique.

Conclusion

Le prix à payer

En mars 1950, la revue *Commentary* publiait une nouvelle de la main de Baldwin intitulée « The Death of the Prophet » et quelque trente-sept années plus tard, Baldwin le prophète s'éteignit dans sa maison de Saint-Paul-de-Vence, le 1er décembre 1987. Une semaine plus tard, les funérailles se tinrent dans la cathédrale Saint-John-the-Divine à Harlem, là même où en 1974 lui avait été décerné le titre de « prophète du 20e siècle ». En présence de sa mère, de son frère David dont, ironie du sort, c'était ce même jour l'anniversaire, Maya Angelou, Toni Morrison et Amiri Baraka, trois personnalités incontournables de la littérature afro-américaine se chargèrent de l'oraison funèbre. Au dos du programme de la cérémonie avait été reproduit un passage de « Sonny's Blues » :

> Car si raconter comment nous souffrons, comment nous sommes heureux et comment nous pouvons triompher n'est pas une chose nouvelle, elle doit être entendue cependant. Il n'y a rien d'autre à raconter. C'est notre seule lumière au milieu des ténèbres (*FHB*, 157).

Bien d'autres extraits de l'œuvre immense de Baldwin auraient pu résumer le dessein de la vie de cette figure hors pair, quoique la vie de James Baldwin, comme le déclara Toni Morrison, se refuse à tout résumé : elle invite à la contemplation[1].

La vie et l'œuvre de James Arthur Baldwin se révélèrent progressivement comme guidées par une force de conviction exemplaire. À David Estes qui l'interrogea lors d'un entretien en 1986, un an avant sa mort, Baldwin déclara :

> Tout écrivain n'a qu'une seule histoire à raconter et il doit trouver la voie pour le faire jusqu'à ce que son sens devienne de plus en plus clair, jusqu'à ce que cette histoire devienne à la fois plus étroite et plus large, de plus en plus précise et qu'elle trouve de plus en plus d'échos (*CJB*, 277).

Chaque écrit de Baldwin, par son style, dans son genre, dans son contexte, est une pierre dans l'édifice d'une œuvre où l'auteur a exprimé plus que sa souffrance, ses souvenirs, sa colère et ses doutes. Baldwin a investi tout son être dans une œuvre qui est devenue indissociable de sa propre vie.

De *Go Tell It on the Mountain* à *The Price of the Ticket*, il n'a eu de cesse de dénoncer le sort réservé par la majorité blanche à la minorité noire et à mettre en garde l'Amérique tout entière contre les conséquences d'un tel ostracisme. Endossant le rôle de prophète – c'est-à-dire de témoin et de messager – de l'évidence des choses qu'on ne dit pas, Baldwin

1. Citée par N. Simon, *James Baldwin ou le devoir de violence*, 246.

a occupé la position périlleuse d'intermédiaire entre ces deux communautés, recueillant coups et critiques, isolé et confiné dans cet entre-deux. Il ne fait pas bon, en effet, lancer la vérité à la face de celui qui se complaît dans le mensonge.

L'ensemble de la vie de James Baldwin a consisté à tenter de remettre en ordre la maison Amérique, comme si cela relevait d'une mission divine: « Mets ordre à ta maison... ». Il a prêché à la nation entière, convaincu qu'un jour ce peuple connaîtrait et reconnaîtrait la vérité et que cette vérité le libérerait enfin, car tous les maux de l'Amérique sont issus du mensonge et de l'aveuglement. Ainsi, l'œuvre de Baldwin dans son entier est un témoignage d'amour envers son prochain, envers tous ses prochains, afin qu'ils sortent des ténèbres, mettent un terme à la malédiction et fassent mentir la prophétie: « La prochaine fois le feu ».

L'histoire semble malheureusement continuer à donner raison au prophète: les émeutes de Los Angeles en 1992, les exactions policières répétées contre les Noirs rendues publiques par des vidéastes amateurs, le sort de Mumia Abu-Jamal et de nombreux Afro-Américains attendant dans les geôles américaines la peine capitale, la marginalisation de millions de Noirs frappés par la pauvreté, le chômage, la destruction de la cellule familiale, la drogue, la délinquance et le sida. Le jour semble encore loin où le Noir américain ne sera plus « le dernier à être embauché et le premier à être licencié », où il ne sera plus le « bâtard de l'Occident », sans nom, chassé de la lumière, victime du rêve américain, de la destinée manifeste, de tous ces mythes fondateurs de l'Amérique qui masquent la culpabilité de la majorité blanche. Le prix à payer est encore, au 21e siècle, bien lourd pour les frères et sœurs de Baldwin.

Bibliographie sélective

Œuvres de James Baldwin

Romans

Go Tell It on the Mountain, New York, Alfred A. Knopf, 1953 ; Londres, Penguin, 1991.

Giovanni's Room, New York, Dial Press, 1956 ; New York, Laurel/Dell, 1988.

Another Country, New York, Dial Press, 1962 ; New York, Vintage, 1993.

Tell Me How Long the Train's Been Gone, New York, Dial Press, 1968 ; Londres, Penguin, 1994.

If Beale Street Could Talk, New York, Dial Press, 1972 ; New York, Laurel/Dell, 1988.

Just Above My Head, Londres, Michael Joseph, 1979 ; Londres, Penguin, 1994.

Essais

Notes of a Native Son, Boston, Beacon, 1955 ; Londres, Penguin, 1995.

Nobody Knows My Name, New York, Dial Press, 1961 ; Londres, Penguin, 1991.

The Fire Next Time, New York, Dial Press, 1963 ; Londres, Penguin, 1964.

No Name in the Street, New York, Dial Press, 1972 ; New York, Laurel/Dell, 1972.

The Devil Finds Work, New York, Dial Press, 1976 ; New York, Laurel/Dell, 1990.

The Price of the Ticket : Collected Non-Fiction 1948-1985, New York, St Martin's Press, 1985.

The Evidence of Things Not Seen, New York, Holt, Rinehart & Winston, 1986.

Théâtre

Blues for Mister Charlie, New York, Dial Press, 1964 ; New York, Vintage, 1995.

The Amen Corner, New York, Dial Press, 1968 ; New York, Laurel/Dell, 1990.

Nouvelles

Going to Meet the Man, New York, Dial Press, 1965 ; Londres, Penguin, 1991.

Entretiens

A Rap on Race, avec Margaret Mead, Philadelphie, Lippincott, 1971 ; Londres, Michael Joseph, 1971.

A Dialogue (with Nikki Giovanni), Philadelphie, Lippincott, 1973 ; Londres, Michael Joseph, 1973.

Conversations with James Baldwin, Fred STANDLEY et Louis H. PRATT éds, Jackson, UP of Mississippi, 1989.

Autres

Nothing Personal, avec Richard Avedon, New York, Atheneum, 1964.

One Day When I Was Lost : A Scenario Based on The Autobiography of Malcolm X, New York, Dial, 1972 ; Londres, Penguin, 1993.

Little Man, Little Man. A Story of Childhood (illustré par Yoran Cazac), New York, Dial Press, 1976.
Jimmy's Blues: Selected Poems, Londres, Michael Joseph, 1983 ; New York, St Martin's Press, 1990.
Gypsies and Other Poems, Leeds, Mass., Gehenna Press/Eremite Press, 1989.

Traductions françaises

Romans

Les Élus du Seigneur, trad. Henri Hell et Maud Vidal, Paris, Éditions de La Table Ronde, 1953.
L'Homme qui meurt, trad. Jean Autret, Paris, Éditions Gallimard, 1970.
Si Beale Street pouvait parler, trad. Magali Berger, Paris, Éditions Stock, 1975.
Harlem quartet, trad. Christiane Besse, Paris, Éditions Stock, 1987.
Un autre pays, trad. Jean Autret, Paris, Éditions Gallimard, 1996.
La Chambre de Giovanni, trad. Élizabeth Guinsbourg, Paris, Éditions Rivages, 1997.
La Conversion, trad. Michèle Albaret-Maatsch, Paris, Éditions Rivages, 1999.

Essais

Personne ne sait mon nom, trad. Jean Autret, Paris, Éditions Gallimard, 1963.
La prochaine fois le feu, trad. Michel Sciama, Paris, Éditions Gallimard, 1963.
Chassés de la lumière, trad. Magali Berger, Paris, Éditions Stock, 1972.

Chronique d'un pays natal, trad. J.-A. Tournaire, Paris, Éditions Gallimard, 1973.
Meurtres à Atlanta, trad. James Bryant, Paris, Éditions Stock, 1985.

Théâtre

Le coin des Amen, trad. Marguerite Yourcenar, Paris, Éditions Gallimard, 1983.

Nouvelles

Face à l'homme blanc, trad. Jean-René Major, Paris, Éditions Gallimard, 1968.

Entretiens

Le racisme en question, n. trad., Paris, Éditions Calmann-Lévy, 1972.

Autres

Sans allusion, trad. Éric Kahane, Paris, Éditions Julliard, 1964.
Le jour où j'étais perdu, trad. Magali Berger, Paris, Éditions Stock, 1973.
Jimmy's Blues, poèmes, éd. bilingue, trad. Hubert Nyssen, Philippa Wehle, Paris, Éditions Actes Sud, 1985.

Ouvrages critiques

BALFOUR (Lawrie), *The Evidence of Things Not Said: James Baldwin and the Promise of American Democracy,* Ithaca et Londres, Cornell UP, 2001.

BLOOM (Harold) éd., *Modern Critical Views: James Baldwin*, New York, Chelsea House, 1986.

BOBIA (Rosa), *The Critical Reception of James Baldwin in France*, New York, Peter Lang, 1997.

CAMPBELL (James), *Talking at the Gates. A Life of James Baldwin*, Londres, Faber and Faber, 1991.

DEPARDIEU (Benoît), *L'Économie de la fonction paternelle dans l'œuvre romanesque de James Arthur Baldwin (1924-1987)*, thèse de doctorat, Université Paris III, 2001.

ECKMAN (Fern Marja), *The Furious Passage of James Baldwin*, New York, M. Evans & Co., 1966.

GOUNARD (Jean-François), *Le problème noir dans les œuvres de Richard Wright et de James Baldwin*, Sherbrooke, Québec, Naaman, 1984.

HARRIS (Trudier) éd., *New Essays on* Go Tell It on the Mountain, Cambridge, Cambridge UP, 1996.

KINNAMON (Kenneth) éd., *James Baldwin. A Collection of Critical Essays*, Englewood Cliffs, NJ, Prentice Hall, 1974.

KÖLLOFFER (Jakob) éd., *James Baldwin. His Place in American Literary History and His Reception in Europe*, Paris, Éditions Lang, 1991.

LEEMING (David), *James Baldwin. A Biography*, Londres, Penguin, 1995.

MACEBUH (Stanley), *James Baldwin: A Critical Study*, New York, Third World P./Joseph Okpaku, 1973.

MCBRIDE (Dwight A.) éd., *James Baldwin Now*, New York, New York UP, 1999.

MILLER (D. Quentin) éd., *Re-Viewing James Baldwin: Things Not Seen*, Philadelphie, Temple UP, 2000.

NJAMI (Simon), *James Baldwin ou le devoir de violence*, Paris, Éditions Seghers, 1991.

O'DANIEL (Therman B.) éd., *James Baldwin. A Critical Evaluation*, Washington DC, Howard UP, 1977.

PORTER (Horace), *Stealing the Fire: The Art and Protest of James Baldwin*, Middletown, CT, Wesleyan UP, 1988.

ROCCHI (Jean-Paul), *James Baldwin: écriture et identité*, thèse de doctorat, Université Paris IV, 2001.

SAROTTE (Georges-Michel), *Comme un frère, comme un amant. L'homosexualité masculine dans le roman et le théâtre américains de Herman Melville à James Baldwin*, Paris, Éditions Flammarion, 1976.

STANDLEY (Fred L.) et BURT (Nancy V.) éds, *Critical Essays on James Baldwin*, Boston, G. K. Hall, 1988.

TROUPE (Quincy) éd., *James Baldwin: The Legacy*, New York, Simon and Schuster, 1989.

WEATHERBY (W. J.), *James Baldwin. Artist on Fire*, Londres, Michael Joseph, 1990.

Imprimé en France par Barnéoud – 53960 Bonchamp-Lès-Laval
N° d'imprimeur : 15317 - N° d'édition : 003966-01
Dépôt légal : septembre 2004